COLLECTION L[ATERRADE]

Ier CATALOGUE

ESTAMPES

RÈGNE DE LOUIS XVI

AÉROSTATS

RÉVOLUTION DE 1789

PREMIÈRE PARTIE

VENTE 22, 23, 24, 25, 26 et 27 NOVEMBRE

Prix : 2 fr.

EXPOSITION DIMANCHE 21 NOVEMBRE

Me **DELBERGUE-CORMONT**, Commissaire-Priseur.

M. **VIGNÈRES**, Marchand d'Estampes.

1858

ORDRE DES VACATIONS

Iᵉʳ CATALOGUE

D'ESTAMPES

PORTRAITS

ET PIÈCES HISTORIQUES

RÈGNE DE LOUIS XVI

AÉROSTATS

RÉVOLUTION DE 1789

Composant le Cabinet de M. L....

RÉDIGÉ PAR A. ROCHOUX

Iʳᵉ PARTIE

DONT LA VENTE AURA LIEU

HOTEL DES COMMISSAIRES-PRISEURS

RUE DROUOT, N° 5

SALLE N° 3, AU 1ᵉʳ ÉTAGE

Les Lundi 22, Mardi 23, Mercredi 24, Jeudi 25, Vendredi 26
et Samedi 27 Novembre 1858, à 1 heure

Par le ministère de Mᵉ **DELBERGUE-CORMONT**, Cᵗ-Priseur
rue de Provence, 8

Assisté de M. **VIGNÈRES**, Marchand d'Estampes,
rue de la Monnaie, 13, à l'entresol; entrée rue Baillet, 1

CHEZ LEQUEL SE DISTRIBUE LE CATALOGUE

EXPOSITION PUBLIQUE

Le Dimanche 21 Novembre 1858, de 1 heure à 4 heures

1858

CONDITIONS DE LA VENTE

Elle sera faite au comptant.

Les acquéreurs paieront, en sus dès adjudications, CINQ pour cent applicables aux frais.

On commencera à une heure précise.

Chaque numéro contenant la description de plusieurs portraits pourra être divisé.

On pourra réunir, s'il y a enchère suffisante, tous les portraits du même personnage.

La collection comprenant les aéronautes et les aérostats, la série des portraits des personnages du procès du collier.

M. Vignères, faisant la vente, se charge des commissions.

ABRÉVIATIONS.

B.	Signifie :	Collection Bonneville.
D.	—	Collection Dejabin.
L. V.	—	Collection Levachez.
Physion.	—	Physionotrace.
Conv.	—	Convention.
Ét. gén.	—	États généraux.
Dép.	—	Député

L'histoire peut se lire autrement que dans les livres.
Nous en avons la preuve dans la collection dont nous
publions aujourd'hui le catalogue. En la parcourant,
l'émotion nous gagnait peu à peu, car nous assistions
jour par jour à ce grand drame de la révolution, qui,
à plus de 60 ans de distance, nous fait encore frissonner.

Jamais peut-être les passions n'avaient été soulevées
à un aussi haut degré. L'ouverture des états généraux a
lieu, l'antagonisme entre les trois ordres commence,
et le tiers-état, appuyé par le peuple, gagne rapidement
du terrain.

Voulez-vous voir une image de l'opinion? aucun livre
ne peut vous la présenter aussi vive, aussi saisissante,
qu'elle s'offre d'elle-même dans les caricatures de
l'époque. Le tiers, qui n'était rien hier, que l'on repré-
sentait comme la bête de somme de la noblesse et du
clergé, ou bien réduit à l'état de squelette, le tiers
aujourd'hui sent sa force, parle haut, et les premières
paroles de Mirabeau, que la noblesse a repoussé, reten-

tissent par toute la France. Le tiers-état devient maître
de la situation. C'est le clergé qui commence à céder,
et la noblesse le suit.

Les événements se succèdent, la société est renversée
de fond en comble; les lois, les mœurs, les costumes
d'hier ne sont plus. Tout un monde nouveau vous
apparaît, monde plein d'agitation. L'enthousiasme, la
haine, les désirs de vengeance, la terreur, le désespoir
se peignent sur les visages, suivant la situation des
partis. Qu'est devenue la royauté, autrefois si puissante?
Elle croule avec les pierres de la Bastille. La noblesse?
le clergé? Ils luttent encore contre le tiers-état, qui
s'est levé tout armé du sein de la révolution, et glace
d'épouvante tout ce qui l'approche. Royauté, noblesse,
clergé, sont entraînés et absorbés dans le mouvement.

Jamais nation n'offrit un spectacle plus triste et plus
imposant à la fois: à l'intérieur, luttes acharnées des
passions politiques, luttes de chaque heure, où le vainqueur d'aujourd'hui se voit écraser le lendemain; au
dehors nos soldats improvisés, montrant l'intrépidité
des plus vieilles troupes, et faisant face avec avantage
aux armées les plus aguerries. Chose merveilleuse ! des
rangs de milliers de volontaires, qui se lèvent au cri de
la patrie est en danger, sortent des chefs qui, ne con-
naissant rien de la guerre, deviendront bientôt des
généraux redoutables à l'ennemi. Les Moreau, les Kléber,
les Murat, les Desaix, les Hoche, les Marceau, les Masséna et tant d'autres, sont la gloire de nos armées.
— Et au-dessus d'eux s'élève encore un nom qui pendant vingt-cinq ans a occupé le monde, le nom du
vainqueur d'Italie, du conquérant de l'Égypte, le nom
de l'homme qui s'est mesuré contre l'Europe entière et
'a vaincue, le nom de Bonaparte!

Nous n'avons ni qualité ni puissance pour analyser

les grands changements qui s'opèrent; nous voulons
seulement expliquer l'intérêt de notre collection. Il a
fallu trente ans de recherches incessantes pour la réunir
aussi complète; mais ces recherches intelligentes ont
abouti à un résultat merveilleux. Nous avons là toute
l'histoire de la révolution. Tel portrait vous représente
l'homme mieux que ne peuvent le faire dix pages
éloquemment écrites. Telle scène vous émeut plus pro-
fondément que le récit le plus dramatique, car vous avez
le fait et les acteurs sous les yeux. Votre imagination
aidant, vous recomposez l'événement, vous y assistez,
vos mains applaudissent ou votre indignation se soulève.

L'image est bien le complément indispensable de
l'histoire. Le public le comprend parfaitement, et il aime
que des gravures accompagnent le texte; malheureuse-
ment l'on ne peut nous donner que des copies faites et
refaites, qui altèrent la physionomie et le caractère des
personnages et des événements. Les pièces originales,
inspirées du moment de l'action, ont seules le cachet
d'authenticité voulu. C'est pour cela que nous avons
rejeté les pièces exécutées après coup. L'esprit du temps
leur manquait, elles faisaient tache. Aussi pouvons-nous
dire que notre collection est unique dans son genre.
C'est l'ensemble le plus complet en portraits, pièces
historiques et caricatures. Les grands et les petits acteurs,
les bourreaux et les victimes, s'y trouvent. Et comme
l'instabilité de l'opinion y paraît fortement marquée!
Tel personnage, idole un jour de la France entière qui
n'avait pas assez de couronnes civiques pour sa tête, le
lendemain sera honni, conspué comme traître à la patrie, et le châtiment sera prompt, terrible. — Ouvrez le
livre, et lisez. Ces documents sont un livre, un livre au-
près duquel les inventions grotesques de certains roman-
ciers vous paraîtront ce qu'elles sont réellement, dénuées

de vraisemblance et sans intérêt. Ici vous avez l'histoire vraie, des personnages en chair et en os, qui luttent corps à corps avec une rare énergie. Vous prenez parti pour tel ou tel combattant, vous entendez sa voix, vous voyez ses gestes, votre cœur bat de ses succès, vous saignez de ses blessures, vous vous relevez avec lui. Mais il n'y a pas de repos. Aujourd'hui, demain, toujours, dans la rue, à la tribune, il faut recommencer. Pour l'attaque et pour la résistance, il faut être prêt à toute heure sans faiblir une minute. La moindre faiblesse, la moindre hésitation, c'est la mort.

C'est notre histoire. C'est notre passé plein de douloureux sacrifices. Vous y voyez partout des ruines faites par nos pères, et arrosées de leur sang. Mais du fond de ces ruines s'est élevée la société nouvelle, et, si nous avons à gémir sur de grands maux, nous avons aussi à glorifier pour les conquêtes impérissables qui nous ont été léguées.

A. Rochoux.

PORTRAITS

ET

PIÈCES HISTORIQUES

PORTRAITS DE LOUIS XVI

COMME DAUPHIN.

1 — joli portrait par *Voyez*, d'après Marillier.

2 — médaillon entouré de roses appuyé sur deux écussons armoriés. A Paris, chez Desnos.

3 — Louis-Auguste, dauphin de France, joli petit portrait à la manière du crayon à la sanguine, par *Bonnet*, d'après Vanloo.

4 — charmant petit médaillon d'une grande finesse d'exécution, par *J. Massard*. Rare.

5 — par *Massard*, d'après Eisen, avec entourage de trophées.

6 — par *Duponchel*, d'après Gautier.

7 — par *J. Barbié*, dans un médaillon ornementé, très-joli petit portrait. Rare.

8 — par *Germain*, 1770. Médaillon du dauphin et de Marie-Antoinette sur l'autel de l'hymen. Jolie petite pièce.

COMME ROI.

9 Louis XVI, roi de France et de Navarre, dans un médaillon soutenu par deux génies.

10 — par Mlle *M. R. Savart*, première épreuve avant le nom de l'artiste et le numéro 185.

11 — Le même portrait avec le nom de l'artiste et le numéro

12 — Par *Lebeau*, 1774. Autre petit portrait par Lebeau, avec le nom de l'artiste à la pointe.

13 — par *Duponchel* d'après Vanloo.

14 — le même imprimé à la sanguine.

15 — par *N. Lemire*, d'après Moreau jeune. — Marie-Antoinette par le même, également d'après Moreau jeune. — Nous réunissons ces deux charmants portraits qui font pendant.

16 — par *Sullin* d'après De Lorge. Médaillon de Louis XVI et Marie-Antoinette au-dessus de l'autel de l'hymen. Jolie pièce, rare.

17 — par *Lebeau* (1781), d'après Binet.

18 — par *Brookshaw*, en manière noire.

19 — autre en manière noire avant la lettre.

20 — par *Romanet* (1783), d'après Duplessis, avant la lettre.

21 — le même avec la lettre.

22 — par *Lemire*, d'après Duplessis; autre par *Hubert*, autre par *Tilliard*, d'après Lavallée Poussin. Trois pièces.

23 — Debout, en costume royal, tenant le sceptre et la main de justice, par *Duflos*.

24 — Debout en manteau royal, par *Deny*, d'après Desrais. Au bas : Monarque juste et bienfaisant.

25 — par Marie L.-A. *Boizot* (1775), d'après Boizot. Première épreuve avant l'adresse de Basset.

26 — le même avec l'adresse de Basset.

27 — autre portrait par la même, d'après L. S. Boizot. Première épreuve avant l'adresse.

28 — par *Henriquez*, d'après Boze.

29 — autre par *Pierron*, signé Noreipa à la pointe. Première épreuve avant la troisième ligne mentionnant la mort, et avant l'adresse. Le même portrait avec ces additions, signé Pierron.

30 — par *Lebeau*. Louis XVI et Marie-Antoinette sur la même feuille, en regard l'un de l'autre. Jolis petits portraits.

31 — par *Dupin*, d'après Marillier; autre chez Blaisot; autre sans nom d'artistes; autre d'après Vanloo. Quatre pièces.

32 — par *Queverdo*, présenté au roi par Mme Louise.

33 — d'après Desrais, et par *Robin de Montigny*, deux portraits équestres.

34 — par *Roger*, d'après Duplessis-Bertaux; indépendance des Etats-Unis, médaillons de Louis XVI, Franklin et Washington, jolie pièce imprimée en couleur.

35 — par M. J. *Bernard*, Louis XVI et Marie-Antoinette faisant pendant, deux dessins du temps d'une grande ressemblance, exécutés à la manière de la calligraphie.

36 — par *Aug. Saint-Aubin*, Louis XVI et Marie-Antoinette sur la même feuille, en regard l'un de l'autre. Très jolis médaillons avant toute lettre. Rares.

37 — par le même, le roi, la reine et le dauphin dans un médaillon. Les mêmes, très-petite pièce; ces deux pièces d'après Sauvage.

38 — par *Ridé* d'après Bénard, en couleur; autre
par Bartonoléii, Mme Langée, Hémery, d'après
Queverdo, Audouin, sans nom d'artiste; six pièces.

39 — par *Berthet*, joli médaillon contenant les portraits du roi, de la reine et du dauphin. 2 p.

40 — par *Sergent*, buste en grand costume avec
chapeau à plumes.

41 — autre petit dans la manière de Sergent, dans
un médaillon rond, au-dessus Louis XVI; autre
avec la nymphe de la Seine au-dessous; autre
avant la lettre ; 3 pièces.

42 — par *A. Clément*, d'après Boze, joli petit portrait imprimé en couleur, roi des Français.

43 — par *Vérité*, deux imprimés en couleur dont
l'un avec chapeau surmonté de plumes, un autre
à cheval. 3 pièces.

44 — avec le discours à l'assemblée nationale; autre
avec cette légende : Une foi, une loi, un roi, ordre
de famille; autre avec la légende : Cocarde nationale, etc. 3 pièces.

45 — deux en pied avec le costume de garde national, la cocarde tricolore au chapeau ; dans l'un,
on voit au fond la démolition de la Bastille.
Rares.

46 — par *Bartolozzi*, d'après Violet; joli petit portrait.

47 — par *Levachez*, calendrier de 1791, formant encadrement à un médaillon renfermant les portraits du roi et de la reine imprimés en couleur.
Charmante petite pièce très-rare.

48 — en buste, coiffé du bonnet rouge avec la cocarde. Au bas, ce titre : *Louis XVI, roi de France
et de Navarre*. Très-rare.

49 — le meme portrait avec ce changement dans le titre : *Roi des Français.* Rare.

50 — par *Barrière*, la tete couverte du bonnet rouge, avec cette mention au bas : Couvert du bonnet de la liberté que la nation lui présenta le 20 juin 1792. Très-rare.

51 — en rond, coiffé du bonnet rouge avec la cocarde, imprimé en couleur. Petit portrait très-rare. Sans aucune marge.

52 — par *Bonneville,* le dernier roi des Français. Le meme avec la suppression du mot *le* : dernier roi des Français.

53 — avec l'exécution au bas. A droite la statue de la Douleur. Rare.

54 — autre avec l'exécution. Dans le haut, la couronne et le sceptre brisés. Très-rare.

55 — autre avec l'exécution. Strunch. sculp.

56 — par *Vérité*, Louis XVI et Marie-Antoinette sur la meme feuille avec la mention de leur exécution.

57 — avec la mention de l'exécution. Chaque moitié de la couronne brisée se voit à droite et à gauche.

68 — par *Saint-Aubin*, d'après Sauvage, médaillon renfermant les portraits du roi, de la reine et du dauphin, suspendu à un tombeau au-dessus d'une urne funéraire. Jolie pièce avant la lettre; la meme avec la lettre.

59 — 135 autres portraits de Louis XVI, seul, avec la reine, avec la reine et le dauphin, etc.

Parmi ces portraits, il s'en trouve d'intéressants, mais pour ce personnage comme pour d'autres qui figurent dans ce catalogue, et dont il existe un grand nombre de portraits, nous croyons devoir nous limiter à la description d'une partie. Le surplus sera divisé par lots.

MARIE-ANTOINETTE

COMME DAUPHINE.

60 — par Victoire *Néviance*, joli petit portrait dans un médaillon ornementé.

61 — par Louis *Bonnet*, charmant portrait à la manière du crayon à plusieurs tons. Très-rare.

62 — par *Lebert*, d'après Kernosckii polonais, dans un médaillon avec guirlandes de roses.

63 — par *Nilson*, avec un bel encadrement ornementé.

64 — par *Lebeau*, d'après Marillier.

65 — petit buste sans nom d'artiste, exécuté avec beaucoup de finesse.

66 — médaillon entouré de roses en regard de celui du dauphin. A Paris, chez Mondhare.

66 *bis* — par *Avril* l'aîné (1770), d'après L. A.

COMME REINE DE FRANCE.

67 — en pied en robe de cour par *Deny*, d'après Desrais.

68 — en pied en riche costume, par *Lebeau*, d'après Leclère. Rare.

69 — par Marie-L.-A. *Boizot* (1775), d'après L.-S. Boizot. De profil à droite.

70 — par la meme, d'après le meme. De profil à gauche.

71 — par R. *Brookshaw*, manière noire. Joli portrait dans un encadrement richement ornementé.

72 — par le meme en manière noire, plus grand.

73 — par *William Smith*, d'après de Lorge, en manière noire.

74 — par *Lebeau*, d'après Mauperin (1774). Joli petit portrait avec trophées.

75 — par le même, d'après Binel (1781). Joli portrait.

76 — par *Prévost*, d'après Cochin (1776), médaillon entouré de roses soutenu par des amours. Dans le bas, groupes d'enfants, génies des beaux-arts faisant offrande de leurs cœurs. Charmante composition avant la lettre. Le nom des artistes à la pointe. Très-rare.

77 — La même pièce avec la lettre. Très-belle épreuve.

78 — par *Lemire* (1775) petit buste dans un médaillon appuyé sur des nuages. Deux amours tiennent au-dessus de la tête de la reine une couronne de roses. Petit chef-d'œuvre comme finesse d'exécution avant la lettre. Très-rare.

79 — en couleur à plusieurs tons à la manière de Bonnet, en riche costume. Épreuve avant la lettre et avant la bordure.

80 — de profil à droite, coiffure à plumes avec aigrette. Plus petite, de profil à gauche, avec aigrette par *Berger*. 2 pièces.

81 — par *Wolckh*, à la sanguine.

82 — par *Dupin*, encadrement ovale ornementé.

83 — sur une adresse : A la reine de France. Patureaux, marchand confiseur. Rare.

84 — par *Sergent*, médaillon rond imprimé en couleur. Charmant petit portrait.

85 — de profil à gauche, coiffure avec aigrette, imprimé en couleur, manière de Sergent.

86 — dans un encadrement ovale ornementé, avec trophées.

87 — par *Benoît jeune*, en couleur, avant la lettre.

88 — par *T. Prattent*, joli petit médaillon, coiffure avec plumes et aigrette.

89 — par *Gaucher*, d'après Moreau jeune, autre au-dessus du mois de février, tirée d'un calendrier; autre par Voyez, d'après Vanloo. 3 pièces.

90 — par *Cathelin*, d'après Fredou, avec une rose au corsage. Beau portrait.

91 — par Duponchelle.

92 — par *Dupin*, d'après Vanloo.

93 — dans un encadrement ovale ornementé. A Paris, chez Croisey.

94 — A Paris, chez Mondhare.

95 — A cheval, imprimé en couleur, chez Basset.

96 — par *Lebeau*, dans un joli encadrement.

97 — par *Hubert*, d'après Queverdo.

98 — en pied avec Madame Royale. Joli costume. Autre en buste de profil à gauche.

99 — sans nom d'artiste, de profil et de face, quatre petits portraits.

100 — par *Gabrielli* et *Bovi*, élève de Bartolozzi. 2 pièces.

101 — Maria-Antonietta, queen of France, coiffure avec plumes, debout dans un cabinet de toilette. London, 1777.

102 — par *Bonneville*. — Autre en couleur devant le buste du roi. 2 pièces.

103 — par *Vérité*, en couleur; par Zatta, d'après Vérité. 2 pièces.

104 — d'après Mme Lebrun. Au bas, scène des adieux du roi

105 — par *Murphy*, d'après la marquise de Brehan. — En costume de veuve, assise dans sa prison un livre à la main. Manière noire. Rare.

106 — à genoux dans la prison de la Conciergerie, par *Keating*, d'après la marquise de Brehan.

107 — avec la scène d'adieux à ses enfants et à Mme Élisabeth.

108 — autres portraits qui seront divisés par lots. 61 pièces.

108 *bis.* **Louis - Joseph - Xavier François**, 1er fils de Louis XVI, mort en 1789, au physion. Rare.

LOUIS-CHARLES DE FRANCE, DAUPHIN.

(LOUIS XVII).

109 — monté sur un dauphin, portant un bouclier sur lequel on voit les portraits de Louis XVI et Marie-Antoinette. En couleur.

110 — joli petit portrait en couleur de profil à gauche. Rare.

111 — de la collection : cocarde nationale, d'après une miniature faite au Temple, tiré d'un calendrier au-dessus du mois de mars, par *Canu* en 92. 5 pièces.

112 — à mi-corps avec armure, portant une pique, une épée, un bouclier, coiffé d'un casque. Au bas : Cette estampe représente le signe de ralliement des chevaliers du poignard, journée du 10 août 1792.

113 — même sujet en bistre (1790) ; au bas : Louis-Charles de France, dauphin. Sur la lame de l'épée : Tu Marcellus eris.

114 — même sujet en bistre ; sur le bouclier : Dans ces trois pièces, on voit les portraits de Louis XVI, Marie-Antoinette et la sœur du dauphin.

115 — dans un médaillon ornementé, coiffé d'un chapeau avec cocarde et aigrette. — Joli petit portrait.

115 *bis*. — par *Gabrielli*, Schiavonetti, Hourdoin, 4 pièces.

116 — joli petit portrait avant la lettre; autres par Fontana et Agar. 3 pièces.

116 *bis*. — par Leroy, dans un médaillon avec sa sœur; autre fort joli sans nom d'artiste. 2 pièces.

117 — autres portraits qui seront divisés par lots. 28 pièces.

MARIE-THÉRÈSE-CHARLOTTE

(MADAME FILLE DU ROI).

118 — par *Aug. de Saint-Aubin*, d'après Sauvage avant la lettre.

119 — chez les frères Klauber à Strasbourg. — Joli petit portrait.

120 — par *Gabrielli*, d'après Miery. Joli portrait en couleur.

121 — à l'aqua-tinte, en costume de deuil, portant un médaillon avec les portraits du roi, de la reine et du dauphin avant la lettre.

122 — à l'aqua-tinte, en costume de deuil, par Valentine *Green*.

123 — par *Bonneville*, Vérité, Agar, etc. 8 pièces.

124 **Marie-Adélaïde-Clotilde-Xavière** de France (Madame), par Voyez, d'après Fontaine. — Joli portrait.

MADAME ÉLISABETH.

125 — par *Romanet*, d'après Fontaine.

126 — par *Lebeau*, d'après Fontaine.

127 — par M.-L.-A. *Boizot*, d'après L.-J. Boizot.

127 *bis.* — d'après M. Guiard, par *Bartolozzi*. Autre.
2 pièces.

128 — par *Schiavonetti*, d'après Stroehling. Joli
petit portrait.

129 — de profil à droite, sans nom d'artiste, 2 épr.
avec différence dans la disposition des noms.

130 — joli petit médaillon sur un tombeau avec
cette mention : Assassinée par le tribunal révolutionnaire, etc.

131 — par *Bonneville*, avec la mention de l'exécution.

132 — autres portraits du même personnage. 17
pièces.

133 — Mme la princesse de **Lamballe**. 2 portraits
par Bonneville et Ruotte.

MONSIEUR COMTE DE PROVENCE

FRÈRE DU ROI.

134 Cérémonie de son mariage avec Marie-Josèphe-
Louise de Savoie, le 14 mai 1771, à Paris, chez
Basset.

PORTRAITS.

135 — par *Brookshaw*, en manière noire.

136 — par *Lebeau*, Duhamel, Voysard, etc. 5 pièces.

137 — à cheval en couleur, à Paris, chez Basset.

138 — par *Sergent*, d'après Duplessis. Joli portrait
imprimé en couleur. Rare.

139 — par *Le Cœur*, d'après Bertaux, avec ce titre :
Au premier citoyen. Rare.

140 — par *Bonneville*, Vérité, etc. 6 pièces.

2

MADAME COMTESSE DE PROVENCE.

141 — par *Brookshaw* (1773), d'après Drouais en manière noire, beau portrait en riche costume.

142 — par le même (1774), moins grande dimension, épr. avant la lettre. Rare.

143 — le même avec la lettre.

144 — par *J. Massard*, fort joli petit portrait, très-fin d'exécution. Rare.

145 — par *Cathelin* et Dupin, d'après Drouais. 2 pièces.

146 — par *Duhamel*, d'après Queverdo. 2 portraits avec différences.

147 — à cheval, par *Robin* de Montigny.

148 — par Lebeau, Hubert, Boizot, etc. 7 pièces.

COMTE D'ARTOIS.

149 — par *Cathelin*, d'après Fredou. Beau portrait.

150 — comme colonel-général des Suisses, par *Lebeau*, d'après Vanloo, joli petit portrait.

151 — par *Hubert*, d'après Vanloo, 2 portraits différents.

152 — par *Dupin* fils, d'après Hall, 1re épr. avant le changement dans la désignation des artistes et avant la dédicace. Fort joli portrait dans un médaillon appuyé sur un écusson entouré de trophées. Rare.

153 — le même portrait avec le changement et la dédicace. Très-belle épreuve.

154 — par *Dupin*, d'après Desrais et Vanloo. 2 portraits.

155 — par *Brookshaw* et Freschi. 2 pièces.

                                    — 19 —

156 — par M.-L. *Boizot*, d'après Boizot. Autre à la
     sanguine, autre en pied, costume d'officier de
     dragons, par Mathey. 3 pièces.
157 — à cheval, en couleur, par Robin de Montigny.
158 — au-dessus de septembre (calendrier), buste,
     costume, médaillon rond, *Bonneville*. 4 pièces.
159 — de profil à droite, portrait curieux au poin-
     tillé avec quatre vers au bas, commençant ainsi :
           Sujet rebelle, homme sans foi,
     Des Français trop longtemps j'ai bravé la vengeance, etc.
     Très-rare.
160 — par *Schiavonetti*. Deux épreuves avec diffé-
     rence dans l'armoirie. Joli petit portrait.

COMTESSE D'ARTOIS.

161 — par *Dumenil*, d'après Campara. Joli portrait.
162 — par *Cathelin*, d'après Drouais, joli portrait.
163 — par *Brookshaw*, en manière noire.
164 — par *Hubert* et Lebeau, d'après Ferdink.
     2 pièces.
165 — au-dessus du mois d'octobre (calendrier);
     autre de profil à droite. 2 pièces.
166 — Les vœux accomplis, par *Simonet*, d'après
     Moreau jeune. Jolie pièce.
167 — à cheval, par Robin de Montigny.

LOUIS-PHILIPPE D'ORLÉANS (ÉGALITÉ).

Nous avons de ce personnage qui a joué un rôle
important dans la Révolution, une série de portraits
fort curieux.

168 — par *Chevillet*, beau portrait.
169 — par *Debucourt*, charmant portrait imprimé en
     couleur, avec bas-relief au-dessous. Très-rare.

170. — La loge des neuf sœurs, jolie composition dans laquelle on voit le portrait dans un petit médaillon. 2 épreuves avec différences.

171 — par M.-A. *Croisier*, médaillons soutenus par un amour, dans le haut deux amours font descendre des guirlandes de roses. Charmante petite pièce.

172 — *Sergent* excudit. Coiffé d'un chapeau avec plumes, médaillon et fond bistre.

173 — autre, à Paris, chez Levachez.

174 — charmant petit portrait en couleur, manière de Sergent. Rare.

175 — à Paris, chez M. Bergny. 2 épreuves, l'une en couleur, l'autre en bistre.

176 — chez Levachez, joli petit portrait dans un médaillon rond, dans la manière de Sergent· Rare.

177 — à Paris, chez Legrand, en couleur.

178 — par *Allais*, en bistre. Au-dessus, rayons et couronne d'étoiles.

179 — à cheval, par Robin de Montigny, en couleur.

180 — avec le titre de député de Crépy-en-Valois. 9 portraits différents, dont deux en pied en grand costume.

181 — avec le titre de député à la Convention, deux, dont l'un par Bonneville.

182 — en pied, imprimé en couleur. Au bas : Je suis citoyen. Rare.

183 — en pied, colorié. Même mention au bas. Rare.

184 — par *Zatta*, d'après Vérité.

185 — à Paris, chez J. Chereau, en couleur.

186 — avec tablette dans laquelle on voit la Discorde tenant des serpents.

187 — de profil à droite, tiré sur papier rouge.

AÉRONAUTES, AÉROSTATS

EXPÉRIENCES AÉROSTATIQUES

CARICATURES A CE SUJET.

Notre collection s'élève y compris les portraits à **285** pièces, la majeure partie très-curieuses et fort rares. Pour éviter l'inconvénient d'une trop longue nomenclature, nous ne décrirons pas la totalité. Celles qui figureront dans notre catalogue, suffiront parfaitement pour démontrer l'intérêt qu'offre une réunion aussi nombreuse de documents sur des expériences qui ont attiré l'attention des savants, en même temps qu'excité la curiosité publique.

PORTRAITS D'AÉRONAUTES.

199 **Blanchard**. Premier auteur du vaisseau volant. Très-rare.

200 **Blanchard** (Mme) au moment d'une ascension à Milan. Très-rare.

201 **Charles**, avec sujet dans une tablette au bas (à Paris, chez Frièze). Rare.

202 — aux Tuileries, le 1er décembre 1783, par Tavenard.

— par Miger.

— Jusqu'alors sans égal, etc. (à Paris, chez Esnauts et Rapilly).

203 **Janinet** (J.-F.).

204 **Jeffries** (John), par C. Watson, d'après Russell.

205 **Montgolfier** (Étienne et Joseph), par Delaunay jeune, d'après Houdon.

206 — par Roze Lenoir, d'après Houdon, 2 épreuves dont l'une imprimée en couleur.

207 **Pilatre du Rosier**, par Legrand, d'ap. Pujos.

208 — par Beljambe.

209 — par Thienert, d'après Goulet.

210 — par Goulet.

211 — par Chapuy, d'après Brion.

212 — avec mention de sa mort (15 juin 1785).

213 — par Collyer, d'après Russell. Très-rare.

214 **Sage** (M^rs), par Legrand, d'après Shelly.

ASCENSIONS AÉROSTATIQUES, CARICATURES A CE SUJET.

215 Figure de la barque inventée en 1709, par *Laurent de Gusman*, chapelain du roi de Portugal, pour s'élever et se diriger dans les airs.

— Voyage particulier de M. Charles, le 1er décembre 1783.

216 — Expérience de MM. Charles et Robert dans le jardin des Tuileries, le 1er décembre 1783. Les ducs de Chartres et de Fitz-James signent le procès-verbal qui constate l'arrivée dans la prairie de Nesle. 2 jolies pièces par Sergent.

217 — Même sujet. A Paris, chez Godefroy. Belle pièce avec nombreux costumes.
— Moment de leur départ, par Boutelou, d'après Duperreux.

218 — A l'honneur de MM. Charles et Robert. Foule immense. Pièce très-joliment exécutée.

219 — Vue du parterre du jardin des Tuileries au moment du départ. Joli petit dessin.
— Descente dans la prairie de Nesle. 2 pièces sur le même sujet.

220 — Vue représentant les murs de la terrasse des Tuileries du côté de l'eau, le 1er décembre 1783. Pièce fort amusante.
— Le Malade qui s'envole par la fenêtre. Spirituelle et charmante pièce en couleur par Sergent.
— Escamotage d'une robe par une couturière qui s'envole au moyen d'un ballon.
— Expérience de la machine de MM. de Montgolfier, le 27 août 1783.

221 — Alarme générale des habitants de Gonesse, occasionnée par la chute du ballon de M. de Montgolfier. Fort curieuse.
— Première expérience du docteur Jonathan dans le pays de Galles, le 22 décembre 1783.

222 — Expérience du vaisseau volant de M. Blanchard, le 2 mars 1784.
— Sur le même sujet. 7 pièces.
— Le Volomaniste.

— La Folie, suspendue à un ballon, couronne un expérimentateur qui communique avec la lune. Jolie petite pièce.

— L'aérostat le Suffren, lancé à Nantes le 14 juin 1784.

223. — Échec, au Luxembourg, de l'abbé Miolan et Janinet, le 11 juillet 1784.

— Le Globe en fumée, avec chanson.

— L'Honnête retraite de Minet et de Janot.

— Les deux Midas.

— Les Charlatans aérostatiques, à 3 et 6 livres le billet.

— Le Ballon enflammé, ou la Grande troupe des animaux curieux.

— Réception des sieurs Miolan et Janinet à l'Académie de Montmartre.

— La Montagne accouchant d'une souris. 2 pièces.

— Jugement en faveur des sieurs Miolan et Janinet.

— La Physique confond l'ignorance. Miolan et Janinet reçoivent les étrivières.

— Minet physicien, ou la Colique de ces messieurs.

224. — Expérience de la machine de M. Robert à Saint-Cloud, le 15 juillet 1784. 2 pièces.

— Exposition d'un ballon au Panthéon, 1784, par Green, d'après Byron. Aqua-tinte anglaise. Jolie pièce à costumes.

225. — Incendie du ballon de MM. Pilatre du Rosier et Romain, qui furent précipités et tués sur place près de Boulogne, le 15 juin 1785.

— M. Blanchard traverse le premier le détroit qui sépare la France de l'Angleterre, 7 janvier 1785.

225 — Entrée de M. Blanchard à Lille, le 26 août 1785, par Helman, d'après L. Watteau.

— Quatorzième expérience de M. Blanchard à Lille, le 26 août 1785, par Helman, d'après L. Watteau. 2 épr., dont une avant la lettre.

226 — Vue du Palais-Royal. En l'air, femme enlevée par un ballon. Pégase, par Sergent, 1786. Charmante pièce.

227 — Ascension de M. Blanchard à Nuremberg, le 12 novembre 1787.

— Spectateurs rassemblés pour les préparatifs d'une ascension. Joli petit dessin avec costumes, par Thom. Weber.

— Dessin d'un aérostat (1784). Initiales indiquant probablement Janinet.

— Gouache représentant des Paysans stupéfaits à la vue de la descente d'un ballon.

228 — Expérience du parachute, le 1er brumaire an VI, dans le parc de Monceaux, par Garnerin, le premier qui ait fait cette expérience. Au bas, portrait de Garnerin dans un médaillon. Dessiné et gravé par Simon Petit. Pièce très-intéressante.

229 — Fête du 14 juillet an IX. Temple élevé dans le grand carré des Champs-Élysées (1).

230 — La Thilorière, ou Descente en Angleterre (extrait du Publiciste du 13 prairial an XI).

··· Incendie de la flotte anglaise par des ballons.

— Divers projets sur la descente en Angleterre.

Ces trois pièces indiquent les préoccupations de l'époque.

(1) Pour ne pas diviser la collection nous avons laissé les pièces sur les expériences faites jusqu'à nos jours.

231 — Fête du sacre et couronnement de Leurs Majestés Impériales, par Marchand, d'après Lecœur.
— M. Deghen, ou le Voleur à tire-d'aile au jardin de Tivoli. 5 pièces.

232 — Passage de Louis XVIII sur le Pont-Neuf, le 3 mai 1814, par Dorgez, d'après Venant et Michallon. Jolie pièce.
— Ascension de Mme Garnerin.
— Nouvelle charrue sans brevet d'invention.
— La Prophétie accomplie, ou suite de l'Enlèvement aérien. 2 pièces.

232 bis. — Pièces à diviser par lots.

PROCÈS DU COLLIER, 1785.

233 — Représentation du grand collier en brillants des sieurs Bœhmer et Bassaiige.

PORTRAITS DES PERSONNAGES QUI ONT FIGURÉ DANS CE PROCÈS.

234 **Bassanges** (à Paris, chez Basset).
Bette d'Etienville. Médaillon ovale, nœud de rubans dans le haut.
— Médaillon rond. Joli portrait, manière de Aug. Saint-Aubin.
— en bistre (à Paris, chez Basset). 2 portraits différents.
— manière de Janinet, en couleur.

235 **Cagliostro**, par Chapuy, d'après de Latour.
— en bistre (à Paris, chez Basset).
— manière de Janinet, en couleur.
— avec le nom de Joseph Balsamo.
— deux portraits différents.
— par Bonneville.

— Le fameux Cagliostro, cabaliste, etc.

— par Vinsac, d'après Pujos.

— avec scène au bas.

— par Duhamel, d'après Guérin.

— médaillon ovale, nœud de rubans.

— par Bartolozzi.

— Anecdote maçonnique arrivée à Londres au frère Balsamo, le 1er novembre 1786.

236 **Cagliostro** (la comtesse de), à Londres, chez Boydell.

— coiffée d'un chapeau à plumes. Avant toute lettre.

— au pointillé, avec le nom de Seraphina Felichiani.

— en bistre, même nom.

— âgée de 29 ans, en couleur, manière de Janinet. Joli petit portrait.

237 **Courville Sulbark** (Mme) (à Paris, chez Basset).

238 **Lafages** (le baron de), en bistre, chez Basset.

239 **Lamotte** (le comte de) (à Paris, chez Basset).

— de profil à droite, dans un médaillon.

— en couleur (à Paris, chez Alibert).

240 **Lamotte** (Jeanne de Saint-Remi de Valois, comtesse de). Médaillon ovale, manière de Janinet. Joli petit portrait en couleur.

— en couleur (à Paris, chez Alibert).

— en bistre (à Paris, chez Basset).

— par Bonneville.

— Première visite de Mme de Lamotte chez Mlle d'Oliva. Scène d'entretien sur un canapé dans un intérieur au bas. Charmante pièce en couleur.

241 — Femme de chambre de Mme de Lamotte (à Paris, chez Basset).

242 **Latour** (Mlle de), en bistre (chez Basset).
— coiffée d'un chapeau, au pointillé.

243 **Loth** (le père), minime (chez Basset).

244 **Oliva** (Mlle Le Guet d'Esigny d'). Médaillon ovale, en couleur, manière de Janinet. Joli petit portrait.
— par Legrand, d'après Pujos.
— en bistre (chez Basset).
— au pointillé.

245 **Precourt** (le comte de), en bistre.

246 **Retaut de Villette**, en bistre.
— de profil à droite. Médaillon ovale.
— de profil à gauche, en couleur.

247 **Rohan Guemenée** (prince de), en couleur, manière de Janinet.
— en bistre. Médaillon ovale, ruban et guirlandes.
— en bistre (chez Basset).

Les n°s 233 à 247 pourront être réunis.

PIÈCES HISTORIQUES ET ALLÉGORIQUES

JUSQU'A LA FIN DE L'ANNÉE 1791.

248 — Marie-Thérèse fait ses adieux à Marie-Antoinette, que la France tient embrassée, par Louise *Massard*.

249 — Les Garants de la félicité publique, par *Née* et *Masquelier*, 1774. A gauche, Marie-Antoinette sur les marches du temple de la Gloire.

250 — Avénement de Louis XVI et Marie-Antoinette. Leurs bustes sur un autel sous le dais royal, par *Patas*. — Leurs médaillons soutenus par des amours, par *Marchand*, d'après Desrais. 1776. — Louis XVI entouré de l'Abondance, de la Justice, des Beaux-Arts, etc., d'après Cochin, 1776, par *Longueil*. 3 pièces.

251 — L'Auguste cérémonie du sacre de Louis XVI à Reims, le 11 juin 1775, par *Berthet*. Belle pièce historique.

252 — Les Vœux du peuple confirmés par la religion, par *Néc* et *Masquelier*, d'après Monnet. A droite, on voit Marie-Antoinette. 1re épr. avant le changement dans le titre. — La même pièce avec ce titre : Sacre de Louis XVI.

253 — Premier édit de Louis XVI (1774), par *Voysard*; Les Trésors de la Paix, pièce en l'honneur de l'agriculture ; Louis XVI contemplant le buste de Henri IV, d'après Cochin. 3 pièces.

254 — La reine annonçant à Mme de Bellegarde la liberté de son mari (1777), par *Duclos*, d'après Desfossés. 1re épr. de souscription avant la lettre, sur papier teinté en bleu. Belle pièce avec de charmants costumes.

255 — La même pièce avec la lettre. Très-belle épr.

256 — Heureux accouchement de la Reine de Mgr le Dauphin, né le 22 octobre 1781. A Paris, chez Basset.

257 — Monument élevé à la mémoire de Turenne, près Saasbach, en 1782, par *L. Guérin*.

258 — Vive le roy, par *Legrand*, d'après Debucourt. Pièce curieuse en ce qu'elle a servi sous tous les régimes. Au portrait de Louis XVI que l'on voit dans notre épreuve ont succédé la liberté, puis la république, Bonaparte, Louis XVIII.

259 — Diverses pièces allégoriques et historiques. Dans quelques-unes figurent Louis XVI et Marie-Antoinette. 18 pièces. — Sera divisé.

260 — Passage du roi au Havre (27 juin 1786), par *L'Épine*, d'après Queverdo.

261 — L'Assemblée des notables, avec la lettre de convocation du roi (29 décembre 1786). Jolie pièce.

262 — Liste des principaux personnages qui doivent composer l'assemblée des notables le 29 janvier 1787, avec les portraits du roi et de Monsieur. Pièce intéressante.

263 — Sur l'Assemblée des notables, Retour du Parlement, Arrivée du roi à son palais de justice. 10 pièces.

264 — Le Peuple forcé de saluer la statue de Henri IV; Incendie d'un corps-de-garde, place Dauphine (nuit du 29 au 30 août 1788).

265 — Arrestation de Depremenil et Goislard ; Fusillade au faubourg Saint-Antoine, etc. 7 pièces.

266 — Caricatures sur le clergé. 21 pièces.

267 — La Noblesse et le Clergé écrasant le Peuple. 13 caricatures différentes.

268 — L'Œuf à la coque. Le noble et le prêtre mangent l'œuf supporté par le tiers-état. Rare.

269 — Le temps passé. Les plus utiles sont foulés aux pieds. Jolie petite pièce en couleur. Rare.

270 — Le Français d'autrefois. Jolie petite pièce en couleur.

271 — Deux autres pièces sur le même sujet, coloriées.

272 — Le Char de la noblesse et du clergé arrêté par le peuple. 3 pièces différentes.

273 — La Femme du peuple portant la femme noble et la religieuse. 2 pièces.

274 — Vive la liberté. 2 pièces.

275 — Le temps passé. Le tiers-état réduit à l'état de squelette ; la noblesse nue, une marotte à la main ; le clergé dodu et ayant tout en abondance. Pièce curieuse et rare. 2 épreuves avec différences.

276 — Les Aumônes du tiers-état ; Honni soit qui mal y voit ; le Gagne-Petit, etc. 6 pièces.

277 — Né pour la peine ; Espère ; Ah ! que le temps est dur, etc. 6 pièces.

278 — Les Anglais chassés de la Grenade, etc. 6 pièces.

279 — Convoi du Seigneur des Abus, mort le 27 avril 1789 (à Paris, chez Sergent). 2 pièces différentes.

280 — Costumes des trois ordres ; Costumes de cérémonie. 5 pièces.

281 — Procession des états-généraux à Versailles, le 4 mai 1789. En bistre. Chez Basset.

282 — Même sujet. Grande et curieuse pièce (à Paris, chez Tardieu). 2 autres petites pièces.

283 — Mort du Seigneur des Abus, mort le 4 mai 1789. Manière de Sergent.

284 — Liste des députés à l'Assemblée nationale depuis le 17 juin 1789, avec la séance au bas, par Godefroy, d'après Monnet.

285 — Même sujet, avec changements.

286 — Ouverture des états-généraux à Versailles, le 5 mai 1789 (à Paris, chez Patas). *Très-rare.*

287 — Même sujet, par *Moreau jeune*. 1ʳᵉ épr. avec l'adresse de l'auteur.

— 2ᵉ avec changement dans le texte et l'adresse de Jean.

288 — Même sujet, d'après Mounet et autres. 6 pièces.

289 — Curés du Poitou se réunissant au tiers-état. 2 pièces.

290 — Mort de Louis-Joseph-Xavier-François, dauphin de France, premier fils de Louis XVI, le 4 juin 1789.

291 — Constitution de l'Assemblée et serment, le 17 juin 1789, par *Moreau jeune*.

292 — Les trois ordres sur un char. 3 pièces. Le Tiers-État pose la main sur la couronne royale.

293 — Les députés du clergé de Paris sur un char traîné par une mère, ayant un enfant à la mamelle, et un autre marchant près d'elle.

294 — Députés de la noblesse de Paris, traînés par deux lions.

295 — Députés du Tiers-État sur un char traîné par deux bœufs et deux moutons. 2 épr. avec différence dans le texte.

296 — Députés des trois ordres de la sénéchaussée de Bordeaux sur un char conduit par Mercure, accompagné d'une figure allégorique, représentant probablement la France.

297 — Serment du Jeu-de-Paume le 20 juin 1789. 10 pièces différentes.

RÉUNION DES TROIS ORDRES (25 JUIN 1789).

298 — Les trois ordres sous le niveau. Jolie pièce en bistre. Chez Crépy.

299 — Réunis par la Concorde. La Réunion fait la Force. 2 pièces.

300 — Vive la danse et le pas de trois! 3 pièces.

301 — L'œuf à la coque. 2 pièces.

302 — Les trois ordres supportent ensemble le globe de la France. 2 pièces.

303 — Chacun son écot. 2 pièces.

304 — Bon, nous voilà d'accord. Ils s'embrassent. 3 pièces.

305 — Chantons, célébrons la réunion des trois ordres. Jolie pièce. Rare.

306 — Monsieur et madame des trois États, voilà le mot, voilà le costume désiré. Chaque personnage a une partie du costume de chacun des trois ordres, 4 pièces.

307 — Le triple accord. Le goûté patriotique. Le concert. Les trois ordres sur un char. 4 pièces.

308 — Le serment de réconciliation. Par moi vous êtes tous frères. Mieux vaut tard que jamais. 7 pièces.

309 — Réunis. Un seul fait les trois. La France reçoit des trois ordres les vœux de la nation. 5 pièces.

310 — Le triomphe des trois ordres. 2 épr. en bistre avec différence de couleur.

311 — Attributs des trois ordres. La bénédiction des armes, etc. 13 pièces.

312 — Ça durera-t-il, ça ne durera-t-il pas?

313 — Trois têtes sous le même bonnet. 7 pièces.

314 — Le temps présent veut que chacun supporte le grand fardeau. Jolie petite pièce en couleur. Même sujet. 2 pièces plus grandes.

315 — Patience, Margot, le bon temps reviendra. J'aurons bientôt 3 fois 8. 5 pièces.

316 — Le trésor tiré des ténèbres. Vœux de la nation. Nouvelle constitution. Vive la liberté ! Volière ouverte. Quand sera la poule au pot? 3 pièces.

317 — Entre nous trois pas de façon. La nouvelle taille. Niveau sur les trois ordres. Le Tiers-État prophète. Le Tiers fait danser la noblesse et le clergé. Le paysan goguenard. Le temps passé n'est plus. 7 pièces.

318 — Le Tiers État confesseur. Allez en paix, ne péchez plus. 5 jolies pièces.

TRIOMPHE DU TIERS-ÉTAT.

319 — La bonne justice. La noblesse et le clergé portent le Tiers. 6 pièces.

320 — Le temps présent. Le Tiers commande. La noblesse obéit. Le clergé est réduit à l'état de squelette. 2 pièces.

321 — Le jeu du hasard. Il faut faire trois choses. 7 pièces.

322 — La partie d'échecs. Belle pièce en bistre.

323 — Le perruquier patriote. Je rase le clergé, je peigne la noblesse, j'accommode le Tiers-État. 3 jolies pièces.

324 — Un barbier rase l'autre. 2 pièces.

325 — Il faut que tout le monde vive. Le Tiers laboureur. 3 pièces.

326 — Buvons, camarade, nous sommes du Tiers ; nous sommes aussi du Tiers-État, nous autres. Ce qui était passé du tambour à la flûte, etc. 3 jolies pièces.

327 — Saute, marquis... et toi, hypocrite... 3 pièces.

328 — Le jeu de quilles. Le sort mérité. Les voyageurs de nuit. Le fumeur patriote, etc. 10 pièces.

30 JUIN 1789.

329 — Refus des gardes françaises de tirer sur le peuple. Leur délivrance à l'abbaye Saint-Germain. Triomphe d'un grenadier des gardes. 6 pièces.

330 — Motionnaires au café du Caveau. Jolie pièce à l'eau-forte. Très-rare.

331 — Scène patriotique des gardes françaises. A l'eau-forte.

332 — Soirée du 30 juin. Réception faite aux gardes françaises au Palais-Royal. Belle pièce.

333 — Même sujet. Jolie pièce coloriée.

334 — Bravoure des gardes françaises à Versailles. 7 juillet. Supplice d'un espion. 8 juillet. Fermentation au palais-Royal. Les canonniers dansent avec les poissardes. 10 juillet. 3 pièces.

12 JUILLET 1789. — CAMP DU CHAMP-DE-MARS.

335 — Bustes du duc d'Orléans et de Necker portés en triomphe. Le prince de Lambesc aux Tuileries, etc. 18 pièces.

336 — Vue du Champ-de-Mars le 12 juillet. Très-jolie pièce imprimée en couleur.

337 — M. de Lambesc aux Tuileries, par *Moreau jeune* et *Guyot*. 3 pièces.

338 — Attaque du royal-allemand; les gardes françaises repoussent un détachement, rue Basse-du-Rempart (nuit du 12 juillet). 2 jolies pièces en couleur par *Sergent*.

339 — Motion de Camille-Desmoulins au Palais-Royal, par *Duplessis-Bertaux*. 2 épr., dont une avant la lettre.

340 — Mea culpa du prince Lambesc.

341 — Incendie des barrières. L'Opéra fermé. Paris gardé par le peuple, etc. 10 pièces.

342 — Paris gardé par le peuple. Le duc du Châtelet sauvé par des gardes françaises le 13 juillet. 2 jolies pièces en couleur par *Sergent*.

343 — Le terrible Kaliamech, monstre amphibie, épouvantable et curieux, trouvé dans les rochers de la baie du Pouliguen, etc. Chez Lecœur.

344 — Monstre qui a été pris dans le lac de Fagua, au royaume de Santa-Fé. Cornes de taureau, oreilles d'âne, gueule et crinière d'un lion, ailes de chauve-souris, deux queues, etc. 4 pièces différentes.

Ces monstres feraient pâlir le fameux serpent de mer.

On prétend que ce sont des canards inventés vers 1788, par le comte de Provence pour détourner l'attention des questions politiques qui s'agitaient alors.

345 **Garde nationale**, uniformes (1789). 10 pièces. Plusieurs rares.

346 Projet de l'étendart de la Liberté par Laneuville. A gauche, la Bastille. Jolie pièce. Très-rare.

347 Drapeau de la garde nationale de Coutances, du 4ᵉ bataillon. (Paris, etc. 4 pièces.)

348 Drapeaux des différens bataillons de Paris, avec leurs devises, emblèmes, etc. 60 planches, en 2 vol. in-4. Très-curieux.

349 Formation de la garde nationale. Exercice, tambour, le point d'honneur. 4 pièces.

350 Cupidon tambour-major national, avec chanson. A Paris, chez Driancourt. Très-rare.

351 Pillage des armes au Garde-Meuble, du couvent de Saint-Lazare (13 juillet). 5 pièces, dont un dessin du temps de la plus grande naïveté.

352 Le despotisme terrassé. L'hydre aristocratique. Chasse à la grosse bête. 3 pièces sur le même sujet.

14 JUILLET 1789. — PRISE DE LA BASTILLE.

353 Le curé de Saint-Étienne-du-Mont marchant à la tête de son district pour s'emparer des armes qui sont aux Invalides, par Guyot, en couleur. Prise d'armes, etc. 4 pièces.

354 Plans de la Bastille, dont un surmonté du bonnet rouge. 7 pièces.

355 Vues de la Bastille. 4 pièces.

356 Première attaque du premier pont-levis; petite porte par où l'on a fait brèche et passer les canons. 2 pièces en couleur, par Guyot.

357 Première attaque et prise de la Bastille, en bistre. — Deuxième vue prise derrière les fossés et façade de l'entrée, par Pernet, en couleur. 3 pièces.

358 — Par Germain. Belle pièce. Rare.

359 — Chez Bance, Basset, Crepy. 4 pièces.

360 — Par Berthaut, avant et avec la lettre, par Guyot. Chez Bance, Guyot et anonyme, 6 pièces.

361 — Par Thevenin. Belle pièce à l'eau-forte.

362 — Par Wels, aqua-tinta en couleur, et anonyme. 2 pièces.

363 — Avec deux chansons et récit. Chez Gauthier. Rare.

364 — Autre, avec chanson. Chez Angeliomme Rare.

365 — M. Delaunay pris et traîné à l'hôtel-de-ville.
4 pièces.

366 — Autres pièces sur la prise de la Bastille, arrestation de Delaunay; caricature sur lui. Mort de Flesselles, etc. 20 pièces.

367 — Les têtes de MM. Delaunay et Flesselles promenées au bout de piques. *Rare.*

368 — L'heure première de la liberté (on fait sortir les prisonniers de la Bastille), par Carpentier. *Rare.*

369 — Délivrance du comte de Lorges, détenu pendant 32 ans. Sur la même feuille, à droite, découverte du squelette enchaîné de l'homme au masque de fer, et d'une inscription dans son cachot, constatant qu'il se nomme le surintendant Fouquet. *Très-rare.*

370 — Scène dans l'intérieur de la Bastille. Délivrance de prisonniers. On voit, à droite, un squelette, par Hardener, d'après Kloager. Grande pièce coloriée. *Rare.*

371 — L'aristocratie écrasée. Espoir de l'âge d'or, avec portrait de Louis XVI.

372 — Harné, grenadier aux gardes françaises, et Humbert, horloger, qui ont monté les deux premiers à l'assaut de la Bastille. Pièce coloriée. *Rare.*

373 — Les mêmes sur bois. Canard du temps, avec chanson. *Très-rare.*

374 — J.-B. Cretaine fait prisonnier le major de la Bastille. Coloriée.

375 — Vainqueur de la Bastille. Coloriée. *Très-rare.*

376 — Vue et perspective de la lanterne le 14 juillet. Pièce en bistre. Une foule immense entoure un garde française et un homme du peuple, qui portent les têtes de MM. Delaunay et Flesselles. *Très-rare.*

377 — Sans vous je périssais. Des gardes françaises retirent la France d'un gouffre. 3 pièces sur le même sujet.

378 — **Démolition de la Bastille** le 17 juillet. A Paris, chez Deny. Autre par Campion, en couleur. 2 pièces.

379 — Chez Bance, Chereau, etc. 6 pièces sur le même sujet.

380 — Vues de la Bastille en cours de démolition. Dessinées et gravées d'après nature, par Guyot, les 21, 25, 26 juillet et 12 août 1789. 4 pièces. Rares.

381 — Adieu, Bastille. Réveil du Tiers-État. Destruction de la Bastille. La France soutenue par Bailly et Lafayette. 4 pièces coloriées.

382 — Un grenadier et un homme du peuple fraternisent. Ronde d'enfants autour du bonnet rouge. La petite victoire. 3 pièces.

383 **Entrée du roi** à Paris, le 17 juillet 1789. Chez Crepy. Belle pièce en bistre. *Rare.*

384 — 9 pièces sur le même sujet, par divers.

385 — M. Bailly présente au roi les clefs de la ville le 17 juillet, à la barrière de la Conférence. Pièce en couleur.

386 — Cocarde parisienne présentée au roi; il la montre au peuple en sortant de l'hôtel-de-ville. 6 pièces.

387 — L'an Ier de la Révolution, avec bustes de Louis XVI et Bailly, par Dambrun, d'après Moreau jeune. 2 épreuves, l'une avant la lettre.

388 — V'la un grand pas de fait. Un homme du peuple marche sur les têtes des premières victimes de la révolution. Louis XVI lui prend la main. 5 pièces sur le même sujet.

389 — Tremblez, aristocrates; soyez libres; vivez. Le cordonnier dans son échoppe, avec cocarde. La fée patriote. 4 pièces.

390 — Projet d'une place sur l'emplacement de la Bastille, par Gaitte, d'après Cachale, architecte.

391 — Émeute à Saint-Germain, 19 juillet; à Strasbourg, le 22. Arrestation et supplice de Foulon et Berthier, le 23. Massacre du lieutenant De Maire, à Saint-Denis, le 2 août. Événement des 16 et 17 août. 7 pièces.

392 — Abandon de tous les priviléges dans la nuit du 4 au 5 août, d'après Monnet. Épreuve d'eau-forte pure, par Duclos. Autre, terminée, par Helman.

393 — Temple de la Concorde. Réunion des trois ordres, le 4 août. Rare.

394 — Le calculateur patriote. Qui de 20 paye 6, reste 14.
— Qui de 20 paye 5 reste 15.
— Qui de 21 paye 6 reste 15.
— Qui de 20 paye 8 reste 12.
— Qui de 20 paye 9 reste 11.

Le chiffre payé indique autant de têtes coupées. Le calculateur a déjà déduit les têtes de Delaunay, Flesselles, Foulon, Berthier, etc. Ces cinq pièces sont rares.

395 — Sur l'abolition de la dîme. Décret du 11 août.
Prenez toujours, M. le curé; mais c'est la der-
nière fois. Le dentiste patriote, etc. 14 caricatures, la majeure partie rares.

396 **Déclaration des Droits de l'Homme**
décrétée les 20, 21, 23, 24 et 26 août. Avec 16
médaillons, représentant des faits historiques.
Très-rare.

397 — Avec bonnet rouge. Chez Chereau.

398 — Avec ou sans entourage. 8 pièces, l'une avec
portrait de Louis XVI.

399 — par Niquet le jeune, avec danse autour d'un
mât surmonté d'un bonnet rouge. Rare.

400 — Pièce allégorique. Médaillons aux quatre
coins, vignette par Dorgez, dessin par Chipart.
3 pièces.

401 — Les Mortels sont égaux, ce n'est pas la nais-
sance, etc., coloriée. Rare.

402 — La Démocrate tenant les Droits de l'homme.

403 — Maudite révolution. — Ah! le bon décret!
2 pièces sur la même feuille, non terminées. Bien
exécutées. Rares.

404 — Les mêmes pièces terminées. Rares.

405 — Ah! le bon décret! Droit de l'homme (chez
Villeneuve). Jolie pièce en couleur. Très-rare.

406 — Le Roi expliquant à son fils les droits de
l'homme.

407 — Discours de la lanterne aux Parisiens, le procureur portant la parole.

408 — Vous aurez, mon prince, tous les plus nouveaux journal ou journaux, etc. — Jean Bart, le
père Duchêne et le compère Mathieu, contre
trois aristocrates, etc. 3 pièces coloriées.

409 Dons patriotiques, le 7 septembre, par les dames-artistes; par Ponce, d'après Borel. Jolie pièce.

410 — Même sujet, le 21 septembre, chez Chereau. Coloriée.

411 — Même sujet. 2 jolies médaillons en couleur, par Cornu et Guyot.

412 — Tronc national des dames françaises, coloriée. Jolis costumes. Rare.

413 — Dons patriotiques, la Quêteuse citoyenne. 7 pièces.

414 — Le Roi montrant à son fils le zèle des Français, par Campion. 3 médaillons sur une seule feuille; dans l'un Louis XVI et son fils. Jolie pièce en couleur. Rare.

415 — La Marche des petits patriotes, le Point d'honneur. 2 p. en couleur, par Orrebow, d'après Bericourt.

416 — 18 petits médaillons en couleur, sur la même feuille, parmi lesquels 3 jolis portr. de Louis XVI, Bailly et Lafayette. Rare.

417 — Pierre Ancise rendu aux patriotes. 2 pièces. Même sujet.

418 — L'Ange de la France chassant les mauvais citoyens de Paris, le Vœu accompli, le bon May. 3 pièces.

419 — La France sauvée du naufrage, le Roi brisant les chaînes du tiers-état, par Sergent; médailles des électeurs de 1789, par Gaucher, etc. 4 pièces.

420 — Monument à la gloire de Louis XVI, par Vangelisty, d'après Monsiau. Belle pièce allégorique. Vue d'un palais nat. et d'une place à la gloire de Louis XVI, par Le Campion. 2 pièces.

43

421 — Le Corps d'État français malade, avec l'opinion des différentes puissances. *Rare.*

422 — Repas des gardes du corps à Versailles, le
31 septembre 1789.

423 — Le 30 octobre, ils portent un capucin en
triomphe.

424 — Départ de la milice bourgeoise pour Versailles,
le 5 octobre, par un amateur distingué.

425 — Avant-garde des femmes allant à Versailles;
autres traînant un canon. 3 pièces.

426 — Leur arrivée. Jolie petite pièce en couleur,
par *Guyot.*

427 — Bravoure des femmes parisiennes aux jour-
nées des 5 et 6 octobre, par *Caresme.* 2 épr.,
l'une coloriée, avec différences dans le texte.
Rare.

428 — Le Roi promettant de revenir à Paris; Retour
des héroïnes; Soldats fraternisant, etc. 5 pièces.

429 — Triomphe de l'armée parisienne à son retour
de Versailles. C'est ainsi que l'on punit les traîtres. Les têtes des gardes du corps massacrés
sont rapportées au bout de piques. *Rare.*

430 — C'est ainsi qu'on se venge des traîtres, avec
deux têtes au bout des piques. 3 pièces coloriées.

431 — Même sujet, avec 4 têtes. *Rare.*

432 — Retour des héroïnes, etc. Pièce bien exécutée.
A Paris, chez Dufour. *Rare.*

433 — Entrée du Roi à Paris, le 26 octobre, par un
amateur distingué.

434 — Même sujet, par Guyot et d'Argent. 2 pièces.

435 — Le Roi esclave et les Sujets rois. Caricature
anglaise. *Très-rare.*

436 — Premier hommage des habitants de Paris à la famille royale, le 7 octobre. Les Dames de la Halle vont complimenter la reine aux Tuileries. 2 pièces coloriées.

437 — Pièces diverses sur ces événements. 20 pièces.

438 — Meurtre commis sur le boulanger François, le 21 octobre. Promulgation de la loi martiale. 2 pièces.

439 — Audience du Roi et de la Reine à la veuve. Coloriée.

440 — Caron refuse l'entrée de la barque à Delaunay, Flesselle, etc ; il laisse passer le boulanger François. 2 pièces sur ce sujet. Coloriées.

441 — Le Roi faisant l'aumône à un petit balayeur. 19 octobre. 2 pièces.

442 — Sur le décret du marc d'argent, du 29 octobre ; la Devideuse patriotique ; le Marc d'argent préside en France, etc. 7 caricatures. *Rares.*

443 — Sur le décret du 2 novembre ; Suppression des bénéfices ecclésiastiques ; Pompe funèbre du clergé de France ; la Mort conduit le char. Très-rare.

444 — *Quid sum ;* On nous a tous réduits qu'à ne prier Dieu ; Ils sont passés ces jours de fêtes ; les Dégraisseurs Patriotes. 4 pièces.

445 — Vanité des Vanités ; au Gagne-Petit, etc. 31 caricatures du même genre, à diviser.

446 — Suppression des parlements, décret du 3 novembre 1789. 18 caricatures.

447 — Médaille décernée par la ville de Meaux à M. Tronchon, pour secours en grains, 6 novembre ; Lettre du curé de Saint-Gaudens (Poitou), 10 novembre, avec portrait ; Serment fédératif en Dauphiné, le 27 novembre, dép. de Paris, etc. 5 p.

448 — Le Roi à l'Assemblée, 4 février 1790, par David, d'après Lejeune; Exécution des frères Agasse, le 8, etc. 9 pièces.

449 — La honte du forfait n'est que pour le coupable; deux parents des frères Agasse sont élevés aux grades de sous-lieutenant et capitaine. 2 p. sur ce sujet.

450 — Suppression des ordres religieux, 16 février 1790; Départ des Capucins de Strasbourg; On me rase aujourd'hui, etc. 42 caricatures, à diviser.

451 — La Raison, sœur Lucile, a donc brisé tes fers? dessin par Bernard, célèbre calligraphe.

452 — Prêtres réfractaires; le Curé de Saint-Sulpice refusant de prêter serment, etc. 15 pièces.

453 — Le Fanatisme corrigé. Joli petite pièce, chez Villeneuve. Très-rare.

454 — L'Abbé revenant du pays des lanternes, etc. 21 pièces, à diviser.

455 — Brevets de garde nationale (1790). 11 pièces.

456 — Amazone nationale, par Poisson, jolie pièce en couleur; le jeune Patriote présentant les armes au dauphin. 2 p.

457 — Tableau de la garde nationale parisienne au 1er avril 1790, avec les noms des districts, officiers, représentants de la commune, maire, etc. Curieux et rare.

457 bis Serment civique au village de N., en février 1790, par Genisson. Rare.

458 **Assemblée nationale.** Noms des députés et suppléants; au milieu, emblèmes et médaillon de Louis XVI, par Audouin, grenadier volontaire. Présenté à l'Assemblée nationale, le 15 mai 1790. Très-rare.

459 — Décret du 19 juin 1790 : Abolition des titres de noblesse et d'église; des hommes du peuple brisent les écussons à coups de fléaux. Coloriées. — Même sujet avec le titre de 1ère patriotique. 2 p. rares.

460 — Caricatures, même genre. 11 pièces.

461 — Un Monstre à trois têtes, indiquant l'Aristocratie, dévore le reste du cadavre du Peuple; le Génie de la France foudroie les aristocrates. 2 pièces. Rares.

462 — L'Aristocratie démasquée; le Corps aristocrate expirant; le Géant Iscariote; Oup! oup! ah! ça ira! 4 pièces.

463 — L'Onguent national; l'Aristocrate charlatan; le Cauchemar de l'aristocratie; Son enterrement. 4 pièces.

464 — La Nation française terrasse le Despotisme; le Pied de nez de l'aristocratie, etc. 17 pièces. Même genre, à diviser.

465 — Exécution de la sentence rendue par la milice de Sivrai, et Réparation de l'injure faite par le C... de... qui avait attaché la cocarde nationale à la queue de son chien. Curieuse et rare.

466 — Eh bien! J. F., diras-tu encore : Vive la noblesse? Rare. — Ah! Dieu, le vent m'emporte! 2 pièces.

467 — Une Femme de condition fouettée pour avoir craché sur le portrait de M. Necker. Rare.

468 — Dame aristocrate maudissant la révolution; Là-haut je placerai mes escadrons, etc. 4 pièces.

469 — La Magicienne consultée sur la révolution de 1789. Pièce bien exécutée. Rare.

470 — Même sujet : Danse aristocrate ; le Temps
donnant des cendres à la noblesse et au clergé ;
la Noblesse et le Clergé conduits par Caron dans
leurs domaines. 4 pièces.

471 — L'Harmonica des aristocruches ; Faut franchir
le torrent ; Il faut donc mourir ! etc. 22 pièces.
Même genre, à diviser.

472 — Fédération antipatriotique des ci-devant-aris-
tocrates, composition diabolique bien exécutée
en bistre. Très-rare.

473 — Les Fripons craignent les réverbères ; sur une
lanterne, à gauche : Vengeur de la patrie. Petite
pièce très-rare.

474 — Vous les aviez trop longs, monseigneur ;
le Voyageur, ou les Echasses, etc. 4 pièces.

475 — Fédération des départ. du Nord, du Pas-de-
Calais et de la Somme, à Lille, le 6 juin 1790.

476 — Banquet civique donné par les gardes nationales de Lille aux troupes de la garnison les 27
et 28 juin.

Ces deux pièces, signées Albane delin. sculp.,
sont fort curieuses, en ce qu'elles donnent bien
la physionomie des fêtes de l'époque. Très-rares.

476 bis Allégorie sur la Révolution de 1789, d'après
le dessin de Monsiau. Elle représente la Liberté
debout sur le pont d'un vaisseau qui porte les
traces de la lutte soutenue contre le château
fort de la Tyrannie. La déesse est entourée des
citoyens de toutes les provinces : Picardie, Artois, Normandie, etc. Cette grande et bell
pièce a été présentée à l'Assemblée nationale, le
8 mai 1790. Très-rare.

1 . 50   477. — La Régénération de la nation française en 1789, par *Queverdo*, d'après Darvy et Geoffroy. Belle et grande pièce allégorique présentée à l'Assemblée nationale, le 13 juillet 1790. L'on y voit la France étendant une main protectrice au-dessus de Louis XVI, et de l'autre foudroyant la Bastille, les tyrans et les abus. Épr. avant la lettre. Rare.

1 . 50   478 — La même avec la lettre. Même sujet, plus petit, en bistre. Rare. Tableau de la restauration de la Liberté. 3 pièces.

1 80   479 — Conversation de Mme Necker avec la princesse de P... Jolie petite pièce.

10   480 — Jugement, en dernier ressort, de l'Aristocratie aux enfers; On ne peut trop les punir; Capitaine à louer, etc. 14 caricatures.

3   481 — La Chiquenaude du peuple. Rare.

3 50   482 — Autel de la Liberté française. Jolie pièce en couleur, par Hellier, d'ap. Huet. Très rare.

5   483 — Sapeur buvant de l'anti-aristocratie; A bas les impôts! le Français d'aujourd'hui; la Mortaux-Rats, J' sommes du Tiers-État, etc. 9 pièces.

5   484 — Cartouche, chef, dans la forêt de Bondi, actuellement place du Perron, Palais-Royal, etc. 5 pièces; Sur les accapareurs d'argent.

1   485 — Massacre de la garde nationale de Montauban, le 10 mars 1790, par Simonet, d'après Espinasse.

5   486 — Cas des assignats chez l'étranger; Assignat sur le clergé. 2 jolies pièces.

3   487 — Ossements découverts dans les souterrains de la Bastille, transportés au cimetière Saint-Paul. 1790.

PREMIÈRE CONFÉDÉRATION, 14 JUILLET 1790.

488 — Travaux au Champ-de-Mars. Jolie pièce en couleur, par *Sergent*.

489 — Chez Chereau. Coloriée. Rare.

490 — Le Patriotisme surmonte tous les obstacles.

491 — Avec une inscription donnant une idée du beau langage du temps. Coloriée. Chez Basset. Très-rare.

492 — Avec chanson : Partons prendre la pelle, etc. Rare.

493 — Plan du Champ-de-Mars, par Meusnier et Gauché, architectes.

494 — Arrivée des députés au Champ-de-Mars, par *Sergent*, d'après Bourjot. Jolie pièce en couleur.

495 — A Paris, chez Berthault, en bistre. Belle pièce, avec vue de Paris dans le fond, vers la gauche.

496 — Par *Chapuy*, d'après Leroy. Belle pièce en couleur. Rare.

497 — Avec portraits de Lafayette et Bailli, et chanson : Ah ! ça ira ! ça ira ! etc. Très-rare.

498 — Avec chanson : Ah ! ça ira ! ça ira ! etc. Rare.

499 — par *Janinet*, d'après Meunier, en couleur, Girardet et Anonyme. 3 pièces.

500 — par *Helman*, d'après Monnet, chez Chereau, en bistre et coloriée. 3 pièces.

501 — par *Girault*, d'après Meunier, Gentot et d'après Cloquet. 3 pièces.

502 — Modèle de la Bastille posé sur le pallier de l'autel de la patrie, renommée en l'air vers la droite.

503 — avec chanson : Que notre âme soit satisfaite, par *Girardet*, Gentot, autre chez Chereau. 4 pièces.

4

504 — par *Chapuy*, d'après Leroy, Levachez. Jolies pièces en couleur. Autre, forme d'éventail. 3 pièces.

505 — Autres pièces sur le même sujet. 27 pièces.

506 — 1re et 2me frise de l'Arc-de-Triomphe du Champ-de-Mars, par Félix *Massard*.

507 — avec portraits de Lafayette et Bailly. Chanson : Peuple aimable de la France. Au milieu, Louis XVI et Marie-Antoinette prêtent serment sur l'autel de la patrie. *Rare.*

508 — Serment fédératif. Belle pièce allégorique, manière de Janinet. Rare.

509 — Costume d'une Rouanaise à la Fédération. Mlle Pompon regrettant les fédérés; les aristocrates désespérés d'apercevoir la fête. Rare. 3 pièces.

510 — à la double aristocratie portons enfin les derniers coups. 2 jolis médaillons sur la même feuille, en bistre, manière de Sergent. Rare.

511 — Serment fédératif, par *Lecœur*, d'après Swebach. Belle pièce à costumes. Épreuve avant la lettre. Rare.

512 — La même avec la lettre, en couleur. Rare.

513 — Décoration et illumination sur le terrain de la Bastille, transparent, dessin et gravure, 3 pièces.

514 — Bal de la Bastille : Ici l'on danse, par *Lecœur*, d'après Swebach. Jolie pièce en couleur. Très-rare.

515 — Même sujet. Pièce coloriée, chez Chereau. Rare.

516 — Feu d'artifice, dessin à l'encre de Chine, d'un bel effet. Signé dans le bas, vers la gauche : *P. G.*, 1790. Unique.

517 — Allégorie du pacte fédératif, patriotisme armé, fête du 18 juillet. 3 pièces.

518 — Confédération à Lille, le 14 juillet 1790, par *Helman*, d'après L. Watteau. Belle pièce.

519 — Insurrection à Nancy, 31 août 1790. Héroisme de Desilles, 10 pièces parmi lesquelles, celle gravée par *Laurent*, d'après Lebarbier.

520 — Duel de M. de Lameth avec M. de Castries; dévastation de l'hôtel, 15 novembre; massacre de la chapelle, etc. 10 pièces.

521 — Conspiration des chevaliers du poignard, 28 février 1791. Belle pièce à l'eau-forte.

522 — Ils sont désarmés par ordre du roi, pièce coloriée. Rare.

523 — Même sujet. Autre pièce coloriée. Rare.

524 — Modèle du poignard, caricatures et autres pièces sur ce sujet. 8 pièces.

525 — Le fanal des patriotes ou les 83 départements. 14 jolies vignettes pour un almanach, par Dorgez.

526 — Rapport des départements aux anciennes provinces, forme d'éventail; règle pour le droit de patente; certificat d'artiste; congé militaire; l'espoir du bonheur; projet d'un monument; colonne de la liberté. 7 pièces.

527 — Honneurs rendus à la pauvreté en l'église Saint-Jacques.

528 — Système astronomique de la Révolution française. Rare.

529 — Aux trois obstinés. Jolie pièce en bistre.

530 — Les délassements au Palais-Royal, le Biribi. Rare.

531 — Almanach national pour l'année 1791; dans le bas à gauche, une marchande de journaux; dans le haut, figure de la Constitution. Jolie pièce imprimée en couleur, par *Debucourt*. Très-rare.

532 — Projet d'un monument à ériger pour le roi, pièce en couleur par *Janinet*.

533 — Caricatures à l'occasion de la suppression des fermiers généraux; convoi d'un fermier général; désolation de ses confrères et des rats de cave. 3 pièces.

534 — Bouquet donné le 1er mai 1791; la liberté des entrées par la barrière d'Enfer; barrières libres; premiers jours de mai en 1791. 4 pièces.

535 — Le mai des Français ou les entrées libres, pièce avec entourage de brocs, volailles, etc. Très-rare.

536 — Barrière des Champs-Élysées. Belle pièce en couleur. Très-rare.

537 — La querelle des chats et des rats de cave; recette pour faire périr les rats de cave, etc. 5 caricatures.

538 — Sur le bref du pape Pie VI, contre la constitution du 4 mai 1791; bulle du pape, n'est qu'une bulle de savon. 2 pièces rares.

539 — L'offrande du Vatican ou des princes, pièce coloriée très-rare.

540 — Ne craignez rien, citoyens de Paris. Pièce coloriée rare.

541 — La brûlure. Pièce coloriée très-rare.

542 — Bref du pape. Dans le fond, on voit le bûcher au palais royal. 2 pièces sur le même sujet à l'eau-forte.

543 — Pièces et caricatures sur le même sujet. 14 pièces.

544 **Fuite de Louis XVI** à Varennes. 20 juin
1791. L'aveugle mal conduit. Hé, hu! dada.
Coiffure pour couronne. La fuite en empire.
4 caricatures coloriées. Rares.

545 — Il jette à ses pieds ce qu'il tenait dans ses
mains. Louis XVI est avec le dauphin. Il a une
girouette au-dessus de la tête. Rare.

546 — Le masque levé. Une cruche à la place de la
tête.

547 — enjambée de la sainte famille des Tuileries à
Montmidy. Pièce coloriée. Très-rare.

548 — Trait de l'histoire de France ou la métamor-
phose. Pièce coloriée. Très-rare.

549 — Les deux font la paire. Très-rare.

550 — Au lieu d'un trésor ne voici qu'un gros sou.
Le père Duchesne. à gauche du portrait de
Louis XVI. Jean-Bart à droite, au-dessous du
portrait : Louis le Faux. 2 pièces.

551 — Je fais mon tour de France, arrestation à
Varennes. 2 pièces coloriées.

552 — La fuite à dessein ou le parjure Louis XVI.
Belle pièce en bistre, chez Guyot. Rare.

553 — Considérez la fuite et l'arrestation, etc. Pièce
coloriée très-rare.

554 — Le Gourmand. Caricature anglaise. Très-rare.

555 — Arrestation à Varennes. Belle pièce à l'eau-
forte. Rare.
Autre coloriée. 2 pièces.

556 — Retour de la famille royale à Paris, le 25 juin
1791. Jolie pièce en couleur, chez Basset. Autre
coloriée. 2 pièces.

557 — Même sujet, par Germain. Belle pièce rare.

558 — Malbrouke. Caricature anglaise. Rare.

559 — Il est pris; il a tout perdu; grande colère de Capet l'aîné; j'en ferai un meilleur usage. 4 caricatures coloriées.

560 — Pénitence du 25 juin. Louis XVI et Marie-Antoinette à genoux, disent leur *mea culpa*. Rare.

561 — La famille des C... ramenée dans l'étable. Caricature coloriée. Excessivement rare.

562 — Ventre saint gris; où est mon fils? Caricature coloriée. Très-rare.

563 — Louis XVI dans une cage. Que faites-vous? Je sanctionne. Pièce coloriée.

564 — Pièces et caricatures sur le même sujet. 11.

565 — Bouillé, Klinglin et Heyman, brûlés en effigie à Strasbourg. Pièce coloriée. Rare.

566 — Rassemblement au Champ-de-Mars, 17 juillet 1791, dispersé par la fusillade de la garde nationale. Division, tableau central des opinions et de l'éducation publique avec l'explication. 6 pièces.

567 — Discours du roi à l'Assemblée nationale, le 14 septembre 1791 avec son portrait. Rare.

568 — La France vient de déchirer le voile, pièce coloriée; le Génie de la nation reçoit le serment, base immuable de la royauté avec buste de Louis XVI, par Saint-Aubin. 2 épreuves dont une avant la lettre dans la marge du bas. Allégorie à la constitution. 5 pièces.

569 — Assemblée nationale du 14 septembre 1791. Belle pièce coloriée. Rare.

570 — Le pacte national, par Th. Leclerc. Rare.

571 — Le français régénéré par la constitution. Eau-forte, par Hennequin. Très-rare.

572 — La constitution sur un piédestal reçoit le serment des citoyens, au-dessus voltigent avec des atles de chauve souris des membres du clergé, du parlement, etc. Rare.

573 — La nation présentant la constitution au roi; triomphe du patriotisme; liberté de la France; la France assise sur les droits de l'homme; serment du roi; promulgation. 7 pièces.

574 — La France vient de mettre au monde la constitution; les dames de la halle félicitent leurs majestés. 2 jolies petites pièces.

575 — La constitution française; à droite, le buste de Mirabeau. Belle pièce en couleur. Rare.

576 — La bascule patriotique. Jolie petite pièce en bistre.

577 — Louis XVI avec deux visages : à gauche, je soutiendrai la constitution; à droite, je détruirai la constitution. Point de constitution. Le pouvoir exécutif à cheval sur la constitution. Digestion de la constitution. 4 jolies pièces. Rares.

578 — Les délassements du père Gérard ou la poule de Henri IV. Jeu. 2 pièces. Rares.

579 — Jeu de la Révolution française, tracé sur le plan du jeu d'oie. Très-rare.

580 — Mêmes sujets avec petites scènes historiques de l'époque. Très-rare.

581 — Jeu national et instructif avec scènes historiques. Excessivement rare.

582 — Pièces sur la constitution. 19.

583 — Hommage à l'Assemblée nationale, constitution avec petits bustes de représentants. Jolie pièce par Picquenot. Adieu, paniers, vendanges sont faites. 2 pièces.

684 — La constitution figurée par un monstre rend quantité de décrets. Un petit génie paraît allumer du feu pour les brûler. Très-rare.

685 — Même sujet de plus petite dimension.

ÉMIGRATION. ARMÉE DE CONDÉ.

686 — M. Brûle-Bon-Sens, agent des émigrés; Bouillé, dit Sacrogorgon; le Maître de danse Brabançon; Fi donc! M. l'Émigrant; Aide-de-camp, porteur des nouvelles de Varennes au petit Condé. 5 caricatures coloriées.

587 — Le petit Condé piquant des deux l'autruche; le va-t-en voir du petit Condé; Je suis de la ci-devant noblesse; la petite contre-révolution, etc. 6 pièces.

588 — L'armée de ligne, jolie pièce. La contre-révolution ne serait-elle qu'une caricature, dédiée au cul-de-sac des noirs, à l'eau-forte, par Ville-neuve. 3 pièces.

589 — Le jeu de l'émigré. Belle pièce. Rare.

590 — La fausse nouvelle. Il est parti. O la fâcheuse nouvelle. Il n'est pas parti. 2 pièces curieuses et rares.

591 — L'attaque de la constitution; la contre-révolution. 2 pièces coloriées.

592 — La contre-révolution, pièce à l'eau-forte.

593 — Même sujet. Chez les principaux marchauds d'estampes. Rare.

594 — Défaite des contre-révolutionnaires. 2 pièces coloriées.

595 — La contre-révolution ratée ou les paniers percés. Pièce coloriée. Rare.

596 — Le Gargantua moderne ou l'oracle de la dive bouteille. Pièce coloriée. Rare.

597 — Le gazetier de Coblentz. Belle pièce coloriée. Rare.

598 — La mascarade, pièce coloriée.

599 — Grande armée du ci-devant prince de Condé. Belle pièce à l'eau-forte.

600 — Même sujet. Pièce coloriée.

601 — Revue du général Fayence. Pièce coloriée. Rare.

602 — Le conseil électoral. Pièce coloriée. Rare.

603 — Grand conseil des émigrants. Pièce coloriée.

604 — La foire de Coblentz ou les grands fantoccini français. Pièce coloriée. Rare.

605 — Les pèlerins de Saint-Jacques. Pièce coloriée.

606 — Les réfractaires allant à la terre promise, sur leur bannière : Feu et sang. Pièce coloriée. Excessivement rare.

607 — Marche du Don Quichotte moderne pour la défense du moulin des Abus, p. coloriée d'une très grande rareté.

608 — La France ramenant les fugitifs. Retour d'un émigré. Emigrant revenant à Paris. 3 pièces.

609 — Les braves brigands d'Avignon. Rabault, Bouche et Camus. Rare.

610 — Massacre d'Avignon le 16 octobre 1791. On voit l'escalier d'Avignon sur lequel sont les soldats brigands de Jourdan, etc. Très-rare.

PIÈCES ET CARICATURES DIVERSES.

611 — Tout irait bien si tout le monde riait comme moi. Le Guet allemand, etc. 18 pièces.

612 — M. Lucas se disant député et faisant sa motion au Palais-Royal. Jolie p. à costumes.

613 — Pauvre mourant, quelle est donc ta folie? Trois
personnages coiffés d'un vaste bonnet rouge par
une figure allégorique. 2 pièces.

614 — Tiens, voilà M. Deniballe; charge spirituelle
sur un factionnaire.

615 — A ces traits on reconnaît D. P. et O. bon patriote et ennemi juré des aristocrates. Rare.

616 — M. Astuce. Jolie pièce en bistre. Rare.

617 — Portraits des impartiaux, des modérés, etc.
On m'attend aux Feuillans; Je viens des Feuillans;
J'y vais aux Jacobins; Je viens des Jacobins; Tout
va bien. Rare, 5 pièces.

618 — On m'attend aux Feuillants; J'y vais aux Jacobins. 2 ép. sur la même feuille en couleur, rare.
Pas de deux entre un jacobin et un feuillant.
2 pièces.

PORTRAITS

DES PERSONNAGES DE LA RÉVOLUTION

Nota. — Nous avons placé dans cette série quelques portraits
d'étrangers qui ont pris part à la même époque à des mouvements
révolutionnaires dans leur pays, ou qui ont joué un rôle en France :
d'autres, comme Pitt, la plus haute signification de la lutte engagée
par la politique anglaise contre nous ; comme Fox, son redou-
table adversaire; comme Saxe-Cobourg, si souvent accolé au nom
de Pitt. Nous y faisons figurer aussi Voltaire et J.-J. Rousseau,
dont les restes furent transportés au Panthéon, et Franklin à qui
furent rendus chez nous les plus grands honneurs. A sa mort, l'assemblée nationale décréta un deuil public.

Quelques-uns de nos personnages se trouveraient mieux à leur
place à une époque plus avancée dans notre histoire, que notre
deuxième partie doit compléter ; mais nous avons pensé qu'il valait
mieux, pour la facilité des recherches, ne pas faire des portraits des
groupes séparés. Nous avons cru devoir aussi joindre aux portraits
des personnages les plus importants, des pièces historiques, où ils
jouent un rôle.

Nous n'avons admis dans cette première partie de notre catalogue qu'un petit nombre des généraux qui ont illustré nos armes sous la république. La carrière de la plupart s'est continuée brillamment sous l'empire, et nous les reportons à cette époque.

Quant au général Bonaparte, nous lui réservons une place à part dans notre deuxième partie. Les dernières années du dix-huitième siècle sont remplies de son nom. Le commencement du dix-neuvième lui doit les pages les plus merveilleuses de son histoire; aussi croyons-nous d'un grand intérêt de le présenter comme général, comme consul, comme empereur. Notre amateur a recueilli sous ces différents titres une collection de portraits, tous du temps, la plupart très-curieux, et devenus fort rares.

619 **Abbema** père (Balthazar), patriote Hollandais. Abbema Elie-Balthazar et Constance-Marie, ses enfants.

620 **Achard** (de Bonvouloir-Loyauté), dép. de Coutances. D. le même de trois quarts, à droite.
Afforty (M.), dép. de la Vté de Paris (D.).
Agasse (Isid.), en couleur par Philippeaux, d'ap. Bauzil.
Agier du Poitou. D. autre. L. V.
Albert dép. d'Alsace. D.
Albini (baron d'), dép. au congrès de Rastadt.
2 épr., une avant la lettre,

621 **André**, maire de Lille, 1792.
Andrieu dép. de Riom. D.
Ango, de Coutances. D.

622 **Ankarstrœm**, assassin de Gustave III, d'ap. Bonneville.
— Enchaîné le nom est écrit en haut, Jacob-Jn Ankarstrom, à Paris, ch. Webert. — Le même. Condé, sculp.

623 **Anson**, dép. de Paris. D.
Armand, dép. de St-Flour. D.
Aubert, dép. de Chaumont en Bassigny. D.

623 **Aubry**, dép. de Bar-le-Duc. D.
Aubry du Bochet, dép. de Villers-Cotterets. D.
624. **Augerard**, secr. des command. de Marie-Antoinette, impliqué dans les projets de départ de la famille royale.
Auger (Athanase), auteur d'un catéchisme du citoyen français, d'ap. Bonneville.
625 **Augereau** (général), par B. Klauber, etc., 5 p.
626 **Augier** (Et.), dép. d'Angoulême. D.
Babeuf. médaillon ovale avant la lettre.
— à mi-corps, appuyé sur la barre.
Bailleul, dép. du Perche. D.
Bailly (de), dép. du Maine. D.
627 **Bailly** (J.-S.) dép. et maire de Paris, dans un médaillon en regard de Lafayette.
— par Miger, d'ap. Boizot. 2 port. différents.
628 — par Alix, en couleur.
— en haut d'un fragment de calendrier.
629 — Médaillon rond en couleur, 2 ép., l'une avant la lettre. Très-jolis. Rares.
630 — Au physionotrace chrétien, 2 différents.
631 — De la suite de la cocarde nationale.
— L. V. deux différents.
— De la suite de Dejabin.
— Au bas du transparent du bal de la Bastille.
— Chez Mᵐᵉ Bergny, en couleur.
632 — En couleur, au bas M. Bailly.
— Qui sert bien son pays, etc., deux différents.
— Petit médaillon rond en couleur.
— Président, maire et député de Paris.
— Chez le cœur.
— En pied quatre différents, dont un colorié, très-rare.
— par Klauber, d'après Boizot.

633 — 22 Differents, à diviser.

634 — Avec quatre vers :
Quand Lenoir, ce coquin vomi par les enfers, etc., très-rare.

CARICATURES SUR BAILLY.

635 — Eh donc coco avant les couplets.

636 — La même avec couplets.
— Coco prends ta lunette.
— Ne vois-tu pas dis-moi, etc.

637 — D'animaux malfaisans, c'était un très-bon plat.

638 — Les grenouilles qui demandent un roi (loi martiale), rare

639 — L'astronome qui se laisse tomber dans un puits 2 pièces.
— L'homme à deux faces.

640 **Ballard**, dép. du Bas-Poitou. L. V.
Bannoy de la Chaud, dép. de Gueret. L. V.
Barbaroux, dép. des B.-du-Rhône. B.
Barbeyrac (de), dép. de Montpellier. D.
Barbier, dép. de Vitri. D.

641 **Barère** dè Vieuzac, dép. de Bigorre. L. V.
— Collection D.

642 — Gravé par Denon, à la tribune. Épr. d'eau-forte pure, très-rare.

643 — Avant la lettre, rare.

644 — Avec la lettre.

645 — par Bonneville, Guérin, Verhelst, etc., **9.** différents.

646 **Barnave**, dép. de St-Aigré,
par Quenedey, en couleur, charmant portrait, très-rare.

647 — Médaillon rond, dirigé à droite, autour inscription commençant à gauche, joli portrait, rare.

648 — De la collection L. V.

— De la collection D.

— par Vérité, en couleur.

— Dessin au crayon.

649 — 5 autres portraits. Il reçoit un bouquet.

650 — L'homme du peuple, 1789, l'homme de la cour
1791. Jolie pièce en couleur. Chez Villeneuve.
Rare.

— Même sujet, 3 pièces différentes.

651 **Barra** et **Viala**, 19 pièces, parmi lesquelles,
un entête de lettre curieux avec portrait de
Barra, plusieurs médaillons rares, la mort de
Barra, etc.

652 **Barras**, membre du directoire par Benoist.
Joli petit portrait.

— d'ap. Bonneville 2. Autre petit portrait.

— Paul Barras, I⁰ʳ du nom, roi de France et de
Navarre, etc., guillotine sur l'écusson armorié.

— En pied par Tardieu, d'ap. Le Dru, avant
le mot, directeur.

— Le même avec ce mot ajouté.

653 **Barrin** de la Galisonnière, dép. d'Anjou. D.

— Autre avec épaulettes.

654 **Barthélemy**, membre du directoire.

— par Bonneville, joli petit portrait en couleur.

— par Klauber, d'ap. Guérin.

— Petit portrait avant la lettre.

— En pied costume de directeur.

— Autres par divers. 10.

655 **Basire**, dép. de la Côte-d'Or, phys. rare, autre
Bonneville.

Basquiat, dép. de Dax. L. V.

656 **Baudry**-Deslozières, 1790 phys.
Bausset, cardinal, phys.
657 **Beaudrap**, dép. de Coutances. D.
Beauharnais Alex., L. V., 2 différents.
— Collection D.
— d'ap. Vérité, Bonneville, Guérin, etc. 4.
658 **Beauharnais** (François marquis de), phys.
Chrétien, joli portrait rare.
— Collection D. 2.
659 **Beauperrey**, dép. d'Évreux. L. V.
Beaupoil de St-Aulaire du Poitou. D.
Becherel, dép. de Coutances. D.
Begouin du Bailliage de Caux. D.
Behin, dép. d'Artois. D.
— Le même. L. V.
Belzais, dép. d'Alençon. D.
Benazet, dép. de Carcassonne. L. V.
Bengy (de), dép. du Berri. D. Autre petit portrait du même.
660 **Benoist**, dép. du Bailliage de la Montagne. D.
— Dessin à la plume par Auvrest.
Benoist (Ant.), dép. de Nismes. D.
Berardier, dép. de Paris. D.
661 **Bergasse** Laziroule (George), dép. de Pamiers.
D.
Bergasse (Nicolas), dép. de Lyon. Levachez,
Bergny, Bonneville, etc. 10.
662 **Bernadotte** (général), par Villeneuve (Bouclier
national), joli port. rare.
— Bonneville, Guérin et Schmidt. 3.
663 **Bernard**, dép. de Bordeaux. D.
Bernigaud de Grange, de Châlons-sur-Saône.
D. Autre petit portrait du même.

663 **Bernis** (Franç. de Pierre de), dép. de Carcassonne. D.

Berthelmy de la Corrèze.

664 **Berthier** (général), par Alix, d'ap. Le Gros
(1798, beau portrait en couleur.

665 **Bertrand**, dép. de St-Flour. D. et L. V. **2**.

666 **Besenval** (baron de), joli petit portrait.

667 **Besse** dép. d'Aveine. D.

Beurnonville (général), par Bonneville, et
d'ap. Ledru. **2**.

668 **Bevière**, dép. de Paris. D.

Biaucourt (de), dép. de la Creuze. L. V.

Bidault, dép. d'Aval. D.

— Le même. L. V.

Biguan, dép. du Dauphiné. D.

Billaud-Varennes, dép. de Paris. B.

669 **Billette**, dép. de Bretagne. D.

— Le même. L. V.

— Le même. Sergent excudit.

Binot, dép. de Bretagne. D. 2 épr., avec différences dans le texte,

Bion, dép. de Loudun. D.

670 **Biroteau** Desbarondières, du Poitou. D.

Bizard, dép. de Saumur. D.

Blanchelande, général accusé d'avoir résisté
au décret sur la liberté des noirs.

Blanquart des Salines, de Calais et Ardres. D.

671 **Blin**, dép. de Nantes, par Mariage, d'ap Du-
ranton. Joli petit portrait.

672 **Blaget**, dép. de Bar-sur-Seine. D.

Boery, dép. du Berry. D.

Boisgelin, archev. d'Aix.

673 **Boissy** d'Anglas, dép. d'Annonay. D.
— Le même. — L. V.
— Le même. — Bonneville, Lips, etc. 3.
674 **Bonal** (de), dép. de Clermont. D. autre petit
portrait.
Bonet de Treychis, du Puy en Velay. L. V.
Bonnay (Mis de), dép. du Nivernais.
— Le même. Coll. D.
Bonnefoy (de), dép. d'Auvergne. D.
Bonnegens, dép. de St-Jean d'Angely. D.
Bonnemant, dép. d'Arles. D.
Bonnet (Jos.-Balthazar), Et. G. et Conv.
Bonneville (cte de), dép. d'Évreux. D.
675 **Bonnier**, plénip. de la rép., à Rastadt. B.
— Guérin, d'ap. Hof.
— par Levachez, avec scène de l'assassinat, par
Duplessis Bertaux. 2 avec différences.
Bordeaux, dép. de Chaumont en Vexin. D.
Bottex, dép. de Bourg en Bresse. D.
676 **Bouche**, dép. d'Aix. D.
— Le même. L. V.
— Le même, par Vérité.
— En haut d'un calendrier (novembre), deux
autres différents.
677 **Boucher**, dép. d'Arras. L. V.
Bouchet, dép. de Touraine. D.
Bouchette, dép. de Bailleul. D.
Boudart, dép. d'Artois. D.
678 **Boufflers** (chevalier de). Joli port. au pointillé
avant la lettre.
— Le même, par Delvaux, d'après H. Ledru.
679 **Bouillotte** (Guy), dép. d'Auxois. D.
Boulouvard, dép. d'Arles. D.
Bourdon, dép. de Riom. D.

679 **Boussion**, dép. d'Agen. D. 2 épr. avec diffé-
rences dans le texte.
Boutaric, dép. du Quercy. D.
680 **Bouteville** du Metz, dép. de Péronne. D.
Bouthillier (marquis de), dép. du Berry. D.
Bouvier, dép. de la princ. d'Orange. D.
Bouwens, patriote hollandais. Phys. Quenedey.
Boyer-Fonfrède, dép de la Gironde. B.
Bracq, dép. de Cambrésis. D.
Branche, dép. de Riom. L. V.
— Le même. Sergent excudit.
681 **Bremond**-Ars (comte de), dép. de Saintonge.
2 portraits différents. D. De l'un, 2 épr. avec diff.
dans les noms écrits, d'Ars et d'Ors.
682 **Breuvart**, dép. de Douai et Orchies. D.
Brevet de Beaujour, dép. d'Anjou. D.
Briault, dép. du Poitou. D.
— Le même. L. V.
Brignon, dép. de Riom. D.
Briois de Beaumez, dép. d'Artois. D.
— Le même, par Vérité.
683 **Brissot**, dép. de Paris, par Marie-Anne Croisier,
Bonneville, Klauber, Levachez, avec scènes de
Duplessis Bertaux, etc. 7 portraits, plus une pe-
tite pièce historique.

CARICATURES SUR BRISSOT.

684 L'Anarchie. Brissot debout, des serpents sur la
tête, foule aux pieds la main de justice. Chez Villeneuve.
— Brissot mettant ses gants. Il les prend dans la
poche d'un passant.
— La Balance de Thémis; la Constitution entre
les mains de Brissotin; Mercure. 3 pièces.

685 **Brival** (J.), député. Physion.
Broglie (de), dép. de Colmar. L. V.
— Le même. D.
Brouillet, dép. de Vitry-le-Français. D.
Brousse, dép. de Metz. D.
Brueys (de), dép. de Nîmes. D.
Bruges (de), dép. du Gévaudan. D.

686 **Brune** (général), d'ap. Cuilembourg. Très-rare.
Par Bonneville et Pizzi. 2.

687 **Brunet** de Latuque, dép. de Nérac. D.
Bueaille, dép. de Calais et Ardres. D.
Buffy, dép. de Dourdan. D.
Buisson, dép. de Villefranche. D.
Burdelot, dép. de Coutances. D.
Bureaux de Pusy, dép. d'Amont. D. 3 autres
portraits du même.
Burle (de), dép. de Forcalquier, etc. L. V.
Burnequez, dép. d'Aval. D.

688 **Buzot,** dép d'Évreux. D.
— Le même. L. V.
— par Vérité, Bonneville, etc. 6 portraits.

689 **Cacault,** ambass. à Rome et à Florence. 1796
et 1798, par Fontana.
Calonne, par Levachez, avec scènes de Duplessis-Bertaux. 2 port. différents.
Calvet, dép. de l'Ariége. Physion. Quenedey.

690 **Cambacérès,** second consul de la république
par Levachez. Beau portrait imprimé en couleur.
Au bas, la scène où Barthélemy présente au premier consul l'acte constitutif qui fixe le consulat
à vie.

691 — en costume de consul. En pied, colorié.
— du même. 17 portraits par divers.

692 Cambon, dép. de l'Hérault. 4 portraits. Bonneville, Vérité, etc. Cambon calculant la ruine des
propriétaires, etc.

693 Camus, dép. de Paris. L. V.
— chez Lecœur. Joli petit portrait.
— par Vérité, Bonneville, etc. 8 portraits par divers.

694 — L'Impayable rentier de l'État. Que ne suis-je
Camus... Caricature.

695 — couvert d'assignats, entouré de Lameth, Barnave, abbé Fauchet, etc. Pièce satirique.

696 Camusat de Belombre, dép. D. Rogné.
Cardon (de), dép. de Bourg-en-Bresse. D.
Carnot, membre du Directoire, d'ap. Bonneville.
2. Autre plus petit.

697 Carondelet (de), dép. de Lille. D.
— Le même. L. V.
Carra, dép. de Saône-et-Loire. D.
— Le même, comme député à la Conv. B.

698 Carrier (J.-B.), dép. du Cantal, par Levachez,
avec la scène des Noyades, par Duplessis-Bertaux.
2 épr., l'une avant la lettre.
— par Bonneville. 2 différents.

699 — avec quatre vers au bas commençant ainsi :
Haineux, sombre, ignorant, farouche, atrabilaire,
Féroce de sang, etc. Rare.

700 — Autre. Poignard au-dessous; le nom de Carrier sur la lame.

701 — Autre dans un médaillon rond, de profil, dirigé à droite ; une boucle est suspendue à son
oreille. Au bas : Carrier. Très-rare.

702 — Victimes de Carrier... Le sang qui l'apporta
recule épouvanté. 2 petites pièces rares.

703 **Carteaux** (général), dans un médaillon avec trophées. Rare. 2 autres.

704 **Cartier**, dép. de Tours. L. V.
Castellane (comte de), dép. de Châteauneuf. L. V.
Castellanet, dép. de Marseille. D. 2 épr., l'une avant l'adresse.
Cavalliès, dép. de Castres. D.

705 **Cazalès**, dép. de la Haute-Garonne, par Bonneville, Vérité, etc. 4 portraits.
Cerutti, par et d'ap. Bonneville, 2 différents.
Césarges (de), dép. d'Orléans. D.

706 **Chabot**, dép. de Loir-et-Cher. B.
— Le même. Physion. de Chrétien. Rare.
— Autre. Au bas, sig. Chabot

707 — Le vrai patriote Chabot, à double face. Caricature.
— Dom Chabot député par l'Assemblée pour donner des étrennes à la nation. Il offre une besace. Très-rare.
Régénération du capucin Chabot. 2 pièces différentes. Rares.

708 **Chabroud**, dép. du Dauphiné. D.

709 **Challier**, président du district de Lyon. 1793, par Alix, d'ap. Garnerey. En couleur.

710 — Médaillon rond avec le titre : Président de Lyon.

711 — Médaillon rond en couleur. Couronne de laurier.

712 — par Massol, d'ap. Queverdo, avec la figure de la Philosophie.

713 — comme député à la Conv. en 1792. Ses dernières paroles au bas.

714 — par Bonneville. Petit portrait avec les mots : Assassiné le 16 juillet 1793.

715 — par Tassaert, d'ap. Caresme.

Ces 6 derniers portraits sont très-rares.

716 — d'ap. Bonneville, Levachez, avec scène de Duplessis-Bertaux. Autre, chez Bance. 3.

717 **Châlier** dans sa prison, écrivant.

718 — Dernières paroles de Châlier au moment de marcher à la mort, par Tassaert, d'ap. le dessin de Caresme.

Ces 2 pièces sont d'une grande rareté.

719 **Chambon**-Latour, dép. de Nîmes. D.

Champeaux (de), dép. de Montfort-l'Amaury. D.

Champion de Circé, év. et dép. d'Auxerre. L. V.

720 **Championnnet** (général), par G. Morghen, Levachez, avec scène de Duplessis-Bertaux, Bonneville, etc. 7 pièces.

721. **Chapt** de Rastignac, dép. d'Orléans. D.

722 **Charnois** (Levacher de), auteur des Recherches sur les costumes et les théâtres, par Alix, d'ap. Violet. Charmant port. en couleur.

723 **Charrier**, dép. du Gévaudan. D.

— Le même. L. V.

Chasset, dép. du Beaujolais. D.

Chastenet de Puységur, dép. du Berry. D.

724 **Châteaugiron** (comte de). 1790. Au physion.

725 **Chateauneuf-Randon** (marquis de), dép. de Mende. D.

Chatrin, dép. de Toul. D.

Chaumette, procureur de la commune de Paris. Avec scène par Duplessis-Bertaux.

— Le même, d'ap. Bonneville.

725 **Chavoix**, dép. de Limoges. D.
726 **Chenier** (Marie-Joseph), par Boutelou, d'ap. Lefèvre. Joli port. avec scène de la tragédie de Charles IX.
727 — par Bonneville.
— par Muller.
— par Lips, d'ap. Brea.
— par Sandos.
— par Prevost. Autre anonyme.
728 **Chénier** (André), par Henriq. Dupont, d'ap Suvée. Avant la lettre.
729 **Chenon** de Baigneux, dép. de Touraine. L. V.
Cherfils, du bailliage de Caux. D.
— Le même. L. V.
Chevalier, dép. de la vicomté de Paris. D.
— Le même. L. V.
Chevreux (Dom.), dép. de Paris. D.
Choiseul d'Aillecourt (de), dép. de Chaumont en Bassigny. D.
Choiseul-Praslin (comte de), dép. du Maine. D.
Choisy d'Arcefays, dép. de Châlons-sur-Marne. L. V.
Choisy d'Arusayre, dép. de Chalons-sur-Marne L. V,
730 **Chombart**, dép. de Lille. L. V.
Christin, dép. d'Aval. D.
Clapiers Collongues Chevalier, dép. d'Aix. D 2 épr., l'une avant l'adresse.
731 **Clavière** (Et.). Joli port. par Aug. Saint-Aubin d'ap. Bonneville. — Autre par Vict. Bougy.
732 **Claye**, dép. de Châteauneuf. D.
— Le même. L. V. Autre petit portrait.
Clerget, dép. d'Amont. D.
— Le même. L. V.

Clermont Mont-Saint-Jean (de), dép. du Bugey. D.

Clermont-Tonnerre (de), év. et dép. de Châlons-sur-Marne. D.

733 **Clermont-Tonnerre** (Stanislas, comte de), dép. de Paris. L. V.
— Le même. Sergent excudit.
— Le même. D.

734 — Le même, par Bonneville, Fiesinger, d'après Guérin, Mariage, Vérité, Bolt. 6 pièces.
— 6 autres, dont 2 médaillons fond noir.

735* — Autre au physion. Rare.

736 **Cléry**, valet de chambre de Louis XVI, par Audinet, d'ap. Danloux. Vue du Temple dans le fond. Rare.

737 **Cloots**, orateur du genre humain, dép., par Quenedey. Au physion.
— par Bonneville. Autre, anonyme.
— par Levachez, avec scène de Duplessis-Bertaux. 2 épr., l'une avant la lettre.

738 **Cobourg** (duc de Saxe), par Zatta, Gillray et anonymes. 5.

739 **Cochelet**, dép. de Charleville. D.
Cochon de l'Apparent. Physion. Chrétien. Rare.
Colaud de la Salcette, dép. du Dauphiné. D.
Collot-d'Herbois, dép., d'ap. Bonneville. 2.
— **Colombel** de Bois-Aulard, dép. d'Alençon. D.
Colson, dép. de Sarreguemines. D.

740 **Condorcet**, dép. de Paris, par Aug. de Saint-Aubin. 2 épr., l'une avant la lettre, non terminée.
— Autre épr., réduite au médaillon rond.
— par Klauber, Vérité, Lips, et d'ap. Bonneville. 4.

— par Levachez, avec scène de Duplessis-Bertaux. 2.

— Banque de Vauvineux, Graine de Niais. Caricature.

741 **Corday** (Charlotte) poignardant Marat dans son
bain, avec complainte au bas. *Rare.*

742 — par *Tassaert*, d'ap. Haver. C'est le portrait an-
noncé dans le journal de Perlet du 27 juillet 1793.
Très-belle épr. avant la lettre dans la tablette.

743 — d'après nature, d'ap. Lelu, par *Mariage*. Agée
de 25 ans. Epr. avant le nom des artistes. Rare.

744 — La même, avec les noms.

745 — écrivant à son père, par *Massol*, d'ap. Queverdo. Au bas, scène de l'assassinat, 2 épr. l'une
tirée en bistre, l'autre en noir.

746 — Dans un médaillon rond avec les mots des-
sinés d'ap. nature. Au bas, scène de l'assassinat;
dans un petit médaillon au-dessus duquel on lit :
Code pénal. *Rare.*

747 — coiffée d'un chapeau. Elle tient un poignard à
la main.

748 — Coiffée d'un chapeau. Au bas, quatre vers
commençant ainsi :
Quand Marat exhalait le poison de sa rage, etc.

749 — par *Alix*, en couleur.

750 — en Judith, avec six vers au bas.

— par Bonneville.

— par *Gautier*, d'ap. Bonneville. 2 épr. avec différences dans le texte.

— en regard de Marat. Bonneville del.

— Un dessin au crayon.

— 2 autres, anonymes.

— 3 autres, modernes

La scène de son arrestation se trouve à l'art. Marat.

751 **Corentin** Lefloch, dép. d'Hennebon. L. V.
Cornus, dép. de Comminges L. V.
Corroller, dép. de Bretagne. D.
Cortois de Balore, dép. de Nîmes. D.
Coster, dép. de Verdun. D.
Cottin, dép. de Bretagne. D.
Coudere, dép. de Lyon.
752 **Coulmiers** (de), dép. de la vic. de Paris. D.
— le même. L. V.
Coupard, dép. de Dinan. D.
Couppé, dép. de Bretagne. D.
— le même. B.
Courteville, dép. de Montreuil-sur-Mer. D.
— le même. L. V.
Cousin, dép. d'Aix. D. 2 épr., l'une avant le numéro.
753 **Couthon**, dép. du Puy-de-Dôme. B.
— le même par Vérité; autre anonyme.
Crecy (comte de), dép. de Ponthieu. D.
— le même. L. V.
Crillon (marquis de), dép. de Troyes. D. avant l'adresse et partie du texte. 2 autres anonymes.
Culant (de), dép. d'Angoulême. D.
754 **Curtius**, volontaire de la Bastille, au physion. Chrétien. Rare.
755 **Cussy** (de), dép. de Caen. D.
756 **Custine** (général), comme député des bailliages de Metz. L. V. avant toute lettre. Rare.
757 — — 2 épr. du même avec la lettre. Différences dans le texte.
758 — par Guérin (1793). Rare.
739 — de profil à gauche, coiffé d'un chapeau avec cocarde. Très-rare.

760 -- de trois quarts, coiffé d'un chapeau avec cocarde. Dessin du temps. Unique.

761 — par Zatta. Très-rare.

762 — par Klauber, Bonneville, etc. 6.
— par Levachez, avec scène de Duplessis Bertaux. 2.

763 — aux mânes de nos frères sacrifiés par le traître, ecce Custine (la main du bourreau présente sa tête). A Paris, chez Villeneuve. De la plus grande rareté.

764 **D'Aiguillon** (duc), dép. d'Agen. D. 2 autres anonymes.
Dailly, dép. de Chaumont en Vexin. 2. D. et L. V.
D'Albignac de Castelnau, dép, d'Angoulême. D.
D'Alençon (comte), dép. de Toul. D.
D'Ambly (marquis), dép. de Reims. D.
D'Ampierre (général). (B.)
D'Andlau d'Hombourg, dép. de Schelestadt et Colmar. 2. D. et L.

765 **D'André**, dép. d'Aix. D.; autre par Vérité; autre St.-Sc.
— au Coq André, rue de la Verrerie, son patriotisme est en canelle. 3 caricatures sur le même sujet. (D'André avait ouvert un magasin d'épicerie.)

766 **D'Angosse** (marquis), dép. d'Armagnac. D.
D'Anteroches, dép. de Nérac. D.

767 **Danton**, dép. à la Convention, par Levachez, avec scène de Duplessis Bertaux, Bonneville, Villeneuve, Ligbert, avec rebus. 8 portraits.

768 **Darche**, dép. d'Avesne. D.
D'Arnaudat, dép. du Béarn. D.
D'Aubert, dép. d'Agen. D.
Dauchy, dép. de Clermont en Beauvoisis. D.
Daude, dép. de Saint-Flour. D. et L. V. 2.
769 **David**, dép. de Paris à la conv. B.; autres par
Leroux, etc. 4.
David (Lucien), dép. de Beauvais. D.
Davoust (Dom.), dép. de Rouen.
770 **Debry**, plénip. de la Rép. à Rastadt par Bonne-
ville; autres par Guérin et Levachez, avec scènes
de Duplessis-Bertaux. 4.
Dechamps, dép. de Lyon. D.
Decretot, dép. de Rouen. D. 2 épr.
Decurt, dép. de la Guadeloupe. L. V.
Defournetz, dép. d'Agen. D.
771 **Defroment**, dép. de Langres. L. V.
Deharaneder de Macaye, dép. du Labour. D.
— autre anonyme.
Delacroix, dép. d'Eure-et-Loire. B.
772 — le même par Miger, d'ap. Laneuville. Joli port.
773 **Delandine**. dép. de Forez. L. V.
Delaunay, gouv. de la Bastille. B. 2 épr.
Delaunay (P. M.), dép. de Maine-et-Loire à la
conv., physion. Quenedey. Rare.
774 **Delfau**, dép. du Périgord. D.
Delion de Surade, dép. du Poitou. D. et L. V. 2.
Delley d'Agier, dép. du Dauphiné. D.
Demalide, dép. de Montpellier. D.
775 **Demeunier**, dép. de Paris. B. et D. 2.
— le même. L. V.; autre par Vérité.
— le même avec le titre de président, dans un
médaillon rond (chez Basset). Joli petit portrait.
Rare.

776 **Desaix** (général), Bonneville, Guérin, Levachez, etc., en buste et en pied. 16 portraits.
— sa mort, monument place Dauphine, etc. 7 pièces.

777 **Desandrouius**, dép. de Calais et Ardres. D. et L. V. 2.
Desclaibes, dép. de Clermont en Bassigni. D.
Desclans, dép. d'Amont. D. et L. V. 2.
Deseuret Laborde, dép. du pays de Soule. D.
Desescoutes, dép. de Meaux. D.

778 **Desèze**, dép. de Bordeaux D. ; autre gravé en Angleterre.
— autre au physion. Quenedey. Rare.

778 bis **Desilles**, tué à Nancy en 1790. 2 portraits, l'un sur son tombeau, avec notice de Palloy.

779 **Desmazières**, dép. d'Anjou. D.
Desmontier, dép. de Dijon. D.

780 **Desmoulins** (Camille), dép. à la conv. Peint d'ap. nature à la Conciergerie par Boze et gravé par E. B. Épr. avant la lettre d'un charmant portrait. Rare.

781 — le même avec la lettre. Très-belle épr.

782 — par Levachez, avec scène de Duplessis-Bertaux. 4 avec différences.
— autre, Bonneville del.
— dans la prison de la Conciergerie. Petite pièce.

783 **Despatis**-Courteille, dép. de Melun et Moret. D.
Destaguiol, dép. de Sédan, etc. L. V. et D. 2.
Destouff-Milet de Mureau, dép. de Toulon. L. V.
D'Estourmel (marquis), dép. du Cambrésis.
— autre petit portrait.
Destutt de Tracy, dép. de Moulins. D.

784 **Desvernay**, dép. du Beaujolais. D.
Deymar, dép. de Haguenau. D. et L. V. 2.
Deymar de Walchretien, dép. de Neuvillers.
L. V.
D'Harambure (baron) , dép. de Touraine.
L. V.
Dieusie (comte de), dép. d'Anjou. D.
Digoine marquis du palais, dép. d'Autun. D.
785 **Dillon**, curé du vieux Pouzanges, dép. de Poi-
tiers. Sergent excudit. Avant le nom.
— le même avec le nom.
— le même, L. V. et D. 2.
— le même, médaillon bistre et fond noir. 2.
— le meme de profil à gauche.
— le meme en pied (chez Basset).
786 **Dillon** (Arthur), dép. de la Martinique. D.
Dinochau, dép. de Blois. D. et L. V. 2.
Dionis du Séjour, dép. de Paris. D.
Dortan (comte de), dép. de Dôle. D.
D'Outrepont de la Dyle. Médaillon fond noir.
Rare.
787 **Drevon**, dép. de Langres. D. et L. V. 2.
Druillon de Blois. L. V.
Dublaisel (marquis) , dép. de Boulogne-sur-
Mer. D.
Dubois (curé), dép. de Troyes. D.
Dubois, procur. du roi, dép. de Chatellerault.
D. et L. V. 2.
788 **Dubois-du-Bais** (comte), dép. à la Législat.
et à la Convention, etc., au physion. Chrétien.
Très-rare.
789 **Dubois-Crancé**, dép. de Vitry-le-Français. D.
— comme dép. à la Conv et général des armées
de la Républ. B. 2.

790 — par Miger, d'ap. David. Beau portrait avant la lettre.
— le même avec la lettre.
791 **Dubois-Maurin**, dép. de Ville^{ne} de Berg. D.
Dubuisson, dép. d'Artois. D. et L. V. **2**.
Ducellier, dép. de la vicomté de Paris. L. V.
— autre portrait anonyme.
Duchambge (baron d'Elbhecq), dép. de Lille. D. et L. V. **2**.
Duchatelet (duc), dép. de Bar-le-Duc. D.
Ducret, dép. de Mâcon. D.
792 **Dufau**, dép. de Mont-de-Marsan. D.
Dufresne, dép. d'Alençon. D. et L. V. **2**.
Dufriche-Valazé, dép. à la Conv. B.
Duhart (marquis des Deux-Siciles), dép. du pays de Soule. D.
Dumaire, dép. de Sarreguemines. D.
Dumas-Gontier, dép. de Libourne. D.
Dumont, dép. de Rheims. D.
793 **Dumouriez** (général) — (chez Levachez).
— joli petit portrait. Chez Villeneuve.
— par Voyez, d'ap. Moreau.
794 — par Zatta. Rare.
795 — au physion. Joli portrait.
— par et d'ap. Bonneville. **3**.
— par V. Bougy.
— anonymes. **5**.
— par Levachez, avec scène de Duplessis-Bertaux. **3**.
— entrée de Dumourier à Bruxelles.
796 — le sauveur de la Belgique. Marche précipitée du perfide Dumourier vers Paris pour protéger la partie saine de la Convention. Pièce curieuse et bien exécutée. Chez Villeneuve. Très-rare.

797 **Dumoustier** de La Fond, dép. de Loudun. D....

Duplaquet, dép. de St-Quentin. D. et L. V. 2.

Duplessis d'Argentré, dép. du Haut-Limousin. D.

Dupont (P. Ch. Fr.) dép. du Bigorre. D.

Dupont (P. Samuel), dép. de Nemours. D.

— le meme par Cathelin, d'ap. Ducreux. Joli petit portrait.

798 **Duport** (Adr.-Fr.), député de Paris. D. et L. V. 2.

— par Vérité.

— Anonymes. 2.

Duport-Dutertre (M. L. F), ministre de la justice en 1790, par Macret, d'après Bonneville.

799 **Dupré**, dép. de Carcassonne. D.

Durand, dép. de Lyon D.

Durand de Maillane, dép. d'Arles. D.

— Autre anonyme.

Durget, député d'Amont D.

Dusson de Bonnac, dép. d'Agen. D.

Dustou Saint-Michel, dép. de Cominges. D. et L. V. 2.

Dutrou de Bornier, dép. du Poitou. D.

Duval de Grandpré, dép. de Ponthieu. D. et L. V. 2.

800 **Duval** d'Epremenil, dép. B..

— par Legrand, d'ap. Bernard, joli portrait.

801 — au physion. Quenedey. Rare.

— par Levachez, avec scène de Duplessy Bertaux. 2.

— La Rage parlementaire. Caricature.

— Mme d'Épremenil se disposant à s'embarquer pour Scioto.

802 **Duveyrier**, dép. suppl. de Paris, par Gaucher, d'ap. Sicardi. Joli portrait.

803 **Duvivier**, dép. de la vicomté de Paris. D.

Edelsheim (Baron d'), dép. de l'empire au congrès de Rastadt, par Guérin.

Emmery, dép. de Thionville, etc. D. 2. Epr. avec différence dans le texte.

Estin, dép. de Touraine. D.

Eude, dép. du bail. de Caux. D.

Expilly, dép. de Leon. D. et L. V. 2.

Eyck (A. H. et M. J.), patriotes hollandais. 2.

804 **Fabre d'Eglantine**, dép. de Paris. B.
— Vu de trois quarts tourné à droite. Joli petit portrait avant toute lettre.
— avec trophées. 2.
— avec rébus.

805 **Failly** (comte de), député de Vitry-le-Français. D.

Faipoult, par Delaunay.

Falcos (De), député du Dauphiné. D.

Falloux Ducoudray. 1792, au physion.

806 **Fantin Desodoards**, par David.
— Anonymes. 3.

Farechon, dép. de Crépy en Valois. D.

807 **Fauchet**, évêque du Calvados, dép., par Le Campion, d'ap. Perignon.
— par St-Aubin. Non terminé.

808 — Le même, avant la lettre. Très-joli portrait. Rare.

809 — par Mlle-An^é Croisier, avant les trois lignes, au-dessus du nom de l'artiste. Rare.
— Le même, avec ces trois lignes.

810 — L'un des vainqueurs de la Bastille, par Girardet, d'ap. Bonneville, in-fol. Rare.
— par Girardet, d'ap. Bonneville. Plus petit.
— par Sandoz, d'ap. B. et par Vérité. **2.**

811 — A Paris, chez Villeneuve, en couleur, seconde législature. Très-rare.

812 — La Vertu fuit, le Crime l'épouvante. Tableau fort noir de l'âme de Fauchet. Caricature.

813 **Faucigny Lucinge** (Comte de), dép. de la noblesse de Bresse. D.

814 **Favras** (Thomas de Mahy, marquis de).
— par Mayliaud.
— Diner, d'ap. nature, à l'eau-forte. Très-Rare.
— par Bonneville, avec l'écriteau : Conspirateur contre l'Etat.
— Anonyme.
— A l'Hôtel de Ville, dictant son testament.
3 pièces.

815 — Contrition de Favras devant Notre-Dame. Pénitence (son exécution). Rare.

816 — Même sujet (des Révolutions de Paris).
— Son exécution. Imagerie coloriée.
— Son exécution, par Caresme. Coloriée.

817 — Même sujet, avec complainte. Très-rare.
— Réception d'un marquis aux enfers. Il est accueilli par l'empoisonneur Desrues.

818 **Faydel**, dép. du Quercy. D.
— Le même. Un dessin au crayon.
Feraud, dép. à la Conv. B.
Ferrière (Marquis de), dép. de Saumur. D.
— par Berthet.
— Au physion. Quenedey. Rare.
Fisson-Jaubert, dép. de Bordeaux. D. et L.
V. 2.

819 **Flachat**, dép. de Lyon. L. V.

Fiaust, dép. de Caen. D.

Fleury, curé, dép. de Sedan. D.

Fleurye, dép. du bail. de Caux. D.

Folleville (De), dép. de Péronne. D.

Fos de la Borde, dép. de Toulouse. L. V.

Foucauld Lardimalie, dép. du Périgord. D.

820 **Fouché** de Nantes, par Noël, d'ap. Debarges, avec trophées. Assez rare.

— par Monsaldy, d'ap. Sambat. Autre anonyme.

821 **Fouquier-Tainville**, par Bonneville.

— par Levachez, avec scène de Duplessis Bertaux. 2 épr., avec différence.

Fourcroy, par Alix.

Fox. 3 portraits différents.

François, dép d'Agen. D.

822 **François de Neufchâteau**, dép. des Vosges, par Letellier, d'ap. Labadye.

— Comme membre du Directoire (B.).

— 2 autres anonymes.

823 **Franklin**, par Née, d'ap. Carmontelle.

824 — par Chevillet, d'ap. Duplessis.

825 — par Janinet (1789). En couleur.

826 — par J. Pélicier.

— par P. Pl., d'ap. Duplessis.

— par Aug. St-Aubin, d'ap. Cochin.

— dans un médaillon, tenu par Diogène.

827 — par Lebeau, d'ap. Desrais. Très-joli d'exécution.

— par Voyez, dap. Labadie.

— par Tardieu, d'ap. Duplessis.

828 — par Allais. Joli petit médaillon.

— couronné par la Liberté. 2 épr., l'une avant la lettre.

— Dessin rehaussé de blanc.

— Autre dessin : la Foudre passe derrière sa tête.

— Avec couronne au bas, dans laquelle on lit : Franklin est mort.

— Autres par divers. 7.

829 — Apothéose : *Eripuit cœlo fulmen*, etc.

830 **Freron**, dép. de la Conv. B.

Freteau, dép. de Melun, deux fois président, par Bonneville, Fiesinger, d'ap. Guerin et anonymes. 9.

831 **Froment**, dép. de Langres. D.

Froment (De), baron de Castille, 1789; — officier aux gardes françaises.

Frondeville (De), dép. de Rouen. D.

Fumel de Monsegur (Marquis de), dép. d'Agen. D.

Gaguière, dép. du Forez D.

Gagon, dép. de Dinan. D.

Galbert (Vicomte de), dép. de la Guadeloupe. D. Rogné.

Gallot, dép. du Poitou. D.

Gamon, dép. de l'Ardèche. D.

Gandolphe, dép. de la vicomté de Paris.

832 **Garat** l'aîné, dép. du Labour. D.

Gardiol, dép. de Draguignan. D.

Garnier (Le comte Germain), dép. aux Ét. généraux, 1789, — au physion. Quenedey.

833 **Garnier** (P.), commandant en second des Marseillais, entré le premier aux Tuileries, le 10 août 1792, à dix heures du matin. Au physion. Chrétien. Joli portrait. Rare.

834 **Garran**, dép. de Paris, 1791. B. Vérité, Basset. 4 pièces.

Garrau, commiss. de la rép. à l'armée d'Italie, par Lasinio.

Gaschet Delisle, dép. de Bordeaux. L. V.

Gassendi, prêtre de l'Oratoire, dép. de Forcalquier. L. V.

Gatzert (Baron), dép. de l'emp. au congrès de Rastadt, par Guerin, d'ap. Hof.

Gaultier, dép. de Touraine. D. et L. V. 2.

Gaultier-Biauzat, dép. de Clerm.-Ferrand. D.

Gaultier des Orcières, dép. de Bourg-en-Bresse. D.

835 **Gauthier** (du Calvados), dép. au Corps législatif. —Vendémiaire an IV. Joli petit portrait. Rare.

836 **Genetet**, dép. de Châlons-sur-Saône. D. et L. V. 2.

Gensonné, dép. de la Gironde. B.

— chez Basset.

— Médaillon ovale. Au-dessus : In Paris. Rare.

— par Levachez, avec scène de Duplessis Bertaux. 2 épr.

George, dép. du Clermontois. D.

837 **Gérard**, dép. de Bretagne. D. et L. V. 2.

— Le même, par Sergent, d'ap. Lefèvre.

— de la collect. de la cocarde nationale.

— par Bonneville, Vérité et 2 anonymes. 4.

838 — en pied, colorié, chez Chereau. Très-rare.

839 — Autre en pied, colorié. Très-rare.

— Vignette pour l'almanach du père Gérard.

840 **Gerle** (Dom.), dép. d'Auvergne. D. et L. V. 2.

— par Bonneville.

Germain, dép. de Paris. D.

841 **Gibert de Lisle**, prés. et cap. des chasseurs du district de St-Mery. au physion. Quenedey. Rare.

842 **Gidoin**, dép. d'Étampes. L. V.

Gillon, dép. de Verdun. D. et L. V. 2.

Giraud-Duplessix, dép. de Nantes. L. V.

— Autre. Sergent excudit. Joli portrait avant le nom du personnage. Rare.

— Le même avec le nom.

Girod de Thoiry, dép. de Gex. D.

Girot Pouzol, député du Puy-de-Dôme. L. V.

Gleises (De), de la Blanque, dép. de Béziers. D.

Gobet, dép. de Belfort, etc. D.

Godard de Belbeuf. dép. de Rouen. D.

843 **Godefroy**, dép. de Mirecourt. D.

Golven Tumult, dép. de Bretagne. D.

Gontier de Biran, dép. du Périgord. D.

Gorsas, dép. de Seine-et-Oise à la Conv. B.

Gortz (comte de), premier minis. plén. du roi de Prusse au congrès de Rastadt, par Guérin, d'après Hof.

Gossin, dép. de Bar-le-Duc. D.

Gossuin, dép. du Quesnoy. D.

Gouhert, dép. de Gueret. D.

844 **Goujon**, dép. de Seine-et-Oise à la Conv. (B.).

Goupil-Préfeln, dép. d'Alençon. D.

— membre du conseil des Anciens. B.

Goupilleau, dép. du Poitou. L. V.

— du conseil des Cinq-Cents. B.

Gourdan, dép. D'Amon. L. V.

845 **Gouttes** (l'abbé), dép. de Béziers. L. V. et D. 2.

— par Demarteau, d'ap. Lebarbier. Beau portrait. Rare.

— par Vérité et Bonneville. 2.

— anonyme.

846 **Gouy-D'Arsy** (comte de), dép. de Saint-Domingue. D. et L. V. 2.

Goyard, dép. du Bourbonnais. D.
Graffan, dép. du Roussillon. D.
Grandin, dép. du Maine. D. et L. V. 2.
Grangier, dép. du Berry. D. et L. V. 2.
847 **Grégoire**, curé d'Embermenil, dép. de Nanci.
D. et L. V. 2.
— médaillon fond noir et bistre. 3.
— petit médaillon, avant la lettre.
848 — Médaillon plus grand, avant la lettre. Joli
portrait. Rare.
— dép. de Loir-et-Cher à la Conv. (B.)
— par Vérité et Muller. 2.
— anonyme.
849 **Grellet** de Beauregard, dép. de Gueret. D. et
L. V. 2.
Grenier, dép. de Riom. D.
Grenot, dép. de Dôle. D. et L. V. 2.
Grieu (de), dép. de Rouen. D.
Griffon, dép. de La Rochelle. D.
Gros, dép. de Boulogne-sur-Mer. D. 2. regardant, l'un à droite, l'autre à gauche.
Grossin de Bouville, dép. de Caux. D.
— autre. Joli petit portrait.
850 **Guadet**, dép. de la Gironde à l'Assemblée
nat. et à la Conv., par Vérité.
— autres. B. et Basset. 2.
— par Levachez, avec scène de Duplessis-Bertaux. 2 épr.
851 **Gueidan**, dép. de Bourg-en-Bresse. D.
Guilhermy, dép. de Castelnaudary. D.
Guillaume, dép. de Paris. D. et L. V. 2.
852 **Guillotin**, dép. de Paris. D.
853 — par Prévost, d'ap. Moreau jeune. Joli petit
portrait. Rare.

854 — avec les mots : inventeur de la guillotine.
Très-rare.

855 — par Bonneville.
— autres, anonymes. 2.

856 **Guimo**, dép. de Bretagne. D. et L. V. 2.
Guiot, de Saint-Florent, dép. d'Auxois. D.
Guiraudet, dép. d'Auch. D.
Guittard, dép. du Haut-Rhin. L. V.
Gunderrode (de), dép. de l'emp. au congrès
de Rastadt, par Guérin. 2 épr., l'une av. la l.
Guyon, dép. de Castelnaudary. D.

857 **Guyton-Morveau**, dép. de la Côte-d'Or au
physion. Quenedey.
Hardouin de Chalon, dép. de Castelmoron. D.
Hardy de la Largère, dép. de Bretagne. D.

858 **Hébert**, dit *le père Duchesne*, par Perrot, d'ap.
Gabriel.
— le père Duchesne f....., par Armano, avec
4 vers. Très-rare.
— fumant dans un intérieur où l'on voit plusieurs fourneaux. Petite pièce à l'eau-forte.

859 **Hebrart de Fau**, dép. de Saint-Flour. D. et
L. V. 2.
— autre, anonyme.
Hell (de), dép. de Haguenau. D. et L. V. 2.
Heunet, dép. d'Avesnes. D. et L. V. 2.
Henriot, command. gén. de la garde nationale,
par Levachez, avec scène de Duplessis-Ber-
taux. 2 épr., l'une avant la lettre.

860 **Héraut de Séchelles**, dép. de Seine-et-
Oise. D.
— à la Conv. (B.)
— par Miger, non terminé.
— le même, avant la lettre. Rare.

861 — au physion. Quenedey, en couleur. Rare.
— par Levachez, avec scène de Duplessis-Bertaux. 4 avec différences.
862 **Hercé** (de), dép. du Maine. D.
Hernoux, dép. de Dijon. D. et L. V. 2.
Herwin, dép. de Bailleul. D.
863 **Hoche** (général), par Bonneville.
— signé en bas : D. Rare.
— par Ruotte, d'ap. Desrais.
— par Klauber.
864 — par Josi. Rare.
— par Fachot.
— par King.
— par Levachez, avec scène, de Duplessis-Bertaux. 2 différents.
— anonymes. 3.
865 — Il vécut assez pour la gloire, trop peu pour
la patrie. Joli portrait, avec tombeau au-dessous.
866 — en pied, par f^{re} Lefèvre et imagerie. 2 p.
— par Benoist jeune, dans un médaillon rond,
en couleur. Jolie petite pièce. Rare.
— le même, en noir.
— par Coqueret, d'ap. Hilaire Le Dru. Grand.
— en statue antique, par Giangiacomo.
— cérémonie funèbre, par Girardet et L'Épine.
867 **Houchard** (général), par Bonneville.
— par Miger, d'ap. Laperche.
— par Levachez, avec scène de Duplessis-Bertaux.
Houdet, dép. de Meaux. D.
Huguet, dép. de Clermont-Ferrand. D.
868 **Humbert**, de la Meuse, dép. à la Conv. au
physion. Quenedey. Rare.
Humblot, dép. du Beaujolais. L. V.

Huot de Goncourt, dép. du Bassigni, en Barrois. D.

Hurault, dép. de Sézanne. D. et L. V. 2.

Hutteau, dép. de Paris. D. et L. V. 2.

Irland, de Bazoges, dép. de Poitou. D.

869 **Ismard** (Maximin), par Lips, d'ap. Bréa. Joli petit port. Rare.

Isoré (Jacques), dép. à la Convention. Joli portrait au physion. Rare.

870 **Jac** (Jacques), dép. de Montpellier. D.

Jacquemard, dép. d'Angers. D.

Jallet, dép. du Poitou. D. et L. V. 2.

— Autre, sur fond noir.

Janny, dép. de Chaumont, en Bassigny. D.

Janson, dép. de Gien. D. et L. V. 2.

Jersé, dép. de Sarreguemines. D.

Jessé (baron de), dép. de Béziers. D.

— le même, par Fiesinger, d'apr. Guérin.

Joubert, curé de Saint-Martin-d'Angoulême, dép. de l'Angoumois. D. et L. V. 2.

871 **Joubert** (général). Joli petit médaillon, par Levachez, avant la lettre.

872 — par Schmidt, Bonneville, Levachez, avec scène de Duplessis-Bertaux, anonymes, en pied par Bourgeois. 7.

— en pied, d'ap. Le Dru. Grand in-f°.

— Mort du général Joubert, par Labrousse.

873 **Jouesnne**, dép. du Calvados à la Conv. Médaillon sur fond noir. Rare.

Jouffroy, de Gonssans, dép. du Maine. D.

Jourdan (Marin), dép. de la principauté de Dombes.

874 **Jourdan** (général), par Villeneuve, Bouclier national. Joli portrait. Rare.
— par Ruotte, d'ap. Isabey. B. Ledru et anonyme. 4.

875 **Jourgniac** Saint-Meard, échappé aux massacres de septembre. Dans un médaillon ovale, autour duquel on lit : J'entends encore leurs cris, leurs lamentables cris. Joli petit portrait, par L. B. M. Très-rare.

876 **Jouslard**, dép. de Poitou. D.
Juhel, de l'Indre, par Gonord. Rare.
Jullien, dép. du Béarn. D.
Kauffmann, dép. de Colmar. D.

877 **Kellermann** (général), par Texier, d'ap. Moreau et Lasinio. 2.
Kersaint, dép. à la Conv., par Mariage, d'ap. Bonneville, v. Bougy, Bolt, Clar, 1794. 4.

878 **Hervelegan** (de), dép. aux Ét. gén., à la Convention, etc.; au physion. Quenedey. Rare.

879 **Kléber** (général), par Villeneuve. Bouclier national. Joli portrait. Rare.

880 — par Klauber.
— par Fiesinger, d'ap. Guérin. In-f°.
— par Herhan et Eisen, d'ap. Guérin. 2,
— par Ruotte, d'ap. Bailly.
— Coiffé d'un chapeau. Anonyme.

881 — par Levachez, avec scène de Duplessis-Bertaux, Bonneville; etc. 12.

882 — Anonymes, l'un avec le nom seul, l'autre avec le titre de général en chef de l'armée de l'Égypte. 2.
— en pied, par Allais, d'ap. Bailly.
— par Charron. Grand in-f°.

— à cheval. — Trait héroïque. Il fait enterrer les morts. 3.

— Assassinat du général Kléber. Petite pièce.

883 **Kregan**, élu maire de Nantes, l'an de la Révolution, par S. Goulet.

884 **Mytspotter**, dép. de Bailleul. D. et L. V. 2.

Lablache (comte de), dép. du Dauphiné. L. V.

Laborde, curé, dép. de Condom. D.

Laborde, de Merville, dép. d'Étampes. D. et L. V. 2.

Laborde (Benjamin de), valet de chambre du roi, par Masquelier, d'ap. Denon. Autre petit portrait, par Gaucher. 2.

885 **Lacombre** (l'abbé de la), dép. de Tulle. D.

Lacourt d'Ambesieux (de), dép. du Dauphiné. D.

Lafarre (de), év. et dép. de Nanci. D.

(Ce fut lui qui prêcha à la messe célébrée pour l'ouverture des Ét. généraux.)

— autre petit portrait du même.

886 **Lafayette** (marquis de), Man. de Romanet, avant la lettre.

887 — dép. de Riom. D. et L. V. 2.

— coll. cocarde nationale.

— par de Mayr et Liebe. 2. Rares.

888 — chez Crepy, en couleur.

— en bistre, command. général.

— d'ap. le dessin de Quenedey, en couleur.

— autre, par Quenedey.

889 — médaillon rond, en couleur. Très-joli. Rare.

890 — chez Chereau.

— par Le Clair, avant la lettre.

891 — par Lefèvre. Très-joli. Rare.
— d'ap. Miger.
— sous les drapeaux français, son intrépidité
etc., en couleur.
— par Fritzsch. 1794. Rare.
— par Miger.
— par Darcis.
— chez Mondhare.

891 bis — Dans ces traits révérés d'un public animal, etc. Très-rare.
— en regard de Bailly.

892 — en pied. Chez Chereau. Rare.

893 — en pied. Chez Basset. Rare.

894 — recevant une épée des mains de la ville. Rare.
— en pied, par Lemire, d'ap. Le Paon.

895 — arrêté par les Prussiens et enfermé dans les prisons d'Olmutz, par Smith.

896 — Autres, par divers et anonymes, et pièces historiques. 36. La plupart sont rares.

CARICATURES.

897 — L'épouvantail de la nation.
— Il conduit une troupe de dindes au Champ-de-Mars. 2 différentes.

898 — Grande colère du dieu Lafayette lors de l'affaire de Verdun.
— Le général, en raccourci, fuyant de Noyon.
— Échappé à la lanterne, il court après le bâton de maréchal.

899 — Soutenu sur les bâtons des maréchaux Luckner et Rochambeau, il prend la lune avec les dents.

900 — Mes amis; menez-moi, je vous prie, coucher
à Versailles.
— Le sans tort, tête de Lafayette sur le corps
d'un cheval.

901 — L'général va-t-en guerre, mironton, etc.
— M. de Lafayette est comme une chandelle
qui ne brille que chez le peuple, et qui pue en
bonne compagnie.
— Tu seras pendu, fameux général, etc.
Ces caricatures sont curieuses et fort rares.

902 **Laforge** (de), dép. d'Auxerre. D.
Lahaye-Delaunay (de), dép. d'Orléans.
L. V.
Laipaud (comte de), dép. de la Basse-Marche. D.
Lalande (de), dép. d'Evreux. D. et L. V. 2.

903 **Lally-Tolendal**, dép. de Paris. D. et L.
V. 2.
— par Phelippeaux, en couleur.
— Bonneville et anonyme. 2.
— Levachez avec scène de Duplessis-Bertaux. 2.

904 **Lamarque**, dép. de Dax, etc. L. V.
— de la Dordogne au conseil des Cinq-Cents. B.
Lambel, dép. de Villefranche. D.
Lambertye (comte de), dép. de Poitiers. D.

905 **Lameth** (Alex. de), dép. de Péronne. D. et L.
V. 2.
— par Vérité, Bonneville, Fiesinger et anonymes. 5.

906 **Lameth** (Charles de), dép. d'Artois. D. et L.
V. 2.
— anonyme, en couleur. Rare.
— en pied, par Voysard, d'après Leclerc.
— par Fiesinger, Vérité, Bonneville, etc. 12.

907 **Lamoignon** de Malesherbes, défenseur de Louis XVI, par Hubert, d'après Bounieu.
— par Gaucher, joli petit portrait.
— par Alix, en couleur.
— par Levachez, avec scène de Duplessis-Bertaux, Bonneville, Tassaert, etc. 6.
— manière de Debucourt. 2 épr., l'une avant la lettre.

908 **Lamourette**, député du Pas-de-Calais. B.
Lamy, dép. de Caen. D.
Lancelot, dép. de Bretagne. D.
Landine (de), dép. du Forez. D.
Landreau, dép. de Saint-Jean d'Angély. D.
Langlier, dép. d'Amiens. D.
Langon, dép. du Dauphiné. D.

909 **Lanjuinais**, dép. de Bretagne. D.
— par Bonneville, Lips et anonyme. 3.
Lannoy (comte de), dép. de Lille. D. et L. V. 2.
Laplace (de), dép. de Péronne. D.
Lapoule (de), dép. de Besançon. D. et L. V. 2.
Larade, dép. de Limoux. D.
Larchevêque-Thibaud, dép. de Saint-Domingue. L. V.

910 **Larochefoucauld** (Ch.-François), abbé de Prully, dép. de Provins. D.
Larochefoucault (Dominique), cardinal. D. et L. V. 2.
— par Dupin.
Larochefoucault (Louis-Alex.), dép. de Paris. D. et L. V. 2.
— par Bonneville, Fiesinger, Vérité, etc. 5.
— par Grechi. Rare.

Larochefoucault-Bayers, évêque, dép. de Beauvais. D.

Larochefoucault (Pierre-Louis), évêque et dép. de Saintes. D.

911 **Laroque** du Mons (comte de), dép. du Périgord. D.

Larreyre, dép. de Tartas. D.

Lartigue, dép. de Toulouse. D.

Lasalle (de), dép. de Metz. D.

Lasaugerie (de), dép. d'Orléans. D. et L. V. 2.

Laslier, dép. de Montfort-Lamaury. D.

Lasmartres, dép. de Cominges. D. et L. V. 2.

912 **Lasnier** de Vaussenay, dép. du Maine. D.

Lassiguy de Juigné, dép. au physion. quenedey.

Lastic (de), évêque et dép. de Couserans. D.

Laterrade, dép. d'Armagnac. D.

Latouche (de), dép. de Montargis. D.

Latour, dép. de Comminges. D. et L. V. 2.

913 **Latour-d'Auvergne**, premier grenadier de France, par Bonneville, Gaucher, Levachez, etc. 5

914 **Latteux**, dép. d'Amiens. D.

Lattre-d'Abbeville (de), dép. de Ponthieu. D.

Lattre de Batsaert (de), dép. de Bailleul. D.

915 **Latude**, par Vestier, deux d'après Vestier et Bonneville. 3.

916 **Latyl**, dép. de Bretagne. D.

Launay (de), chanoine et dép. de Treguier. D.

Laumey (de), avocat et dép. de Caen. D.

Laurendeau, dép. d'Amiens. D.

Lavenue, dép. de Bazas. D.

Lavigne (de), dép. de Paris. D.

Lavillarmois (de), dép. de Coutances. D

917 **Lavoisier**, par Tassaert, d'après David.
— autre agréé de l'Institut, 2 épr , l'une avant la lettre.
— par Bolt.
— par Alix, Levachez, etc. 4.
918 **Lebigot** de Beauregard, dép. d'Alençon. D.
— autre anonyme.
Lebois des Guays, dép. de Montargis. D.
919 **Lebon** (Joseph), dép. du Pas-de-Calais à la convention. B.
920 — Les formes acerbes, dessin original par Lafitte. Il représente Joseph Lebon posté entre les deux guillotines d'Arras et de Cambrai, s'abreuvant du sang de ses victimes. Ce dessin est bien exécuté et inspire parfaitement l'horreur des atroces exécutions de l'époque.
921 — la gravure faite de ce sujet, 2 épreuves avec différences dans le texte:
— L'huître d'honneur d'Arras gobée. Caricature sur Lebon.
922 **Leborlhe** de Grandpré, dép. de la Basse-Marche. L. V.
Lebreton, dép. de Bretagne. D. et L. V. 2.
Lebrun, dép. du Bourbonnais. D.
923 **Lebrun**, troisième consul, par Levachez, médaillon rond.
— par Morel, d'après Debarges.
— en pied, costume de consul, par Bonneville.
— autre costume de consul, anonyme.
— par Divers. 7.
924 **Lecesve**, dép. du Poitou. L. V.
925 **Lechapelier**, dép. de Bretagne. L. V. et D. 2.
926 — chez Lecœur. Joli portrait rare.
927 — au physion. Joli et rare.

7

928 — Petit médaillon rond en couleur.
— par Phelippeaux, en couleur.
— coll. de la cocarde nationale.
— par Claessens.
— Médaillons en bistre de face et de profil. 2.

929 — en pied. Président. Rare.

930 — Législateur de Biribi. Chez Villeneuve, en couleur, joli et très-rare.

931 — par Fiesinger, Vérité, Bonneville, etc. 5.

932 **Leclerc de Juigné,** archev. et dép. de Paris. D.
B. — par Lebeau, joli portrait.
B. — par Varin.
— chez Basset.
B. — par Fessard. 2 épr. avec différences.
— d'après Brossard-Beaulieu.
— en pied colorié.
— anonymes. 2.

933 **Leclerc,** libraire, dép. de Paris. L. V. et D. 2.
Leclerc (l'abbé), dép. d'Alençon.
Leclercq, dép. du Vermandois. D.

934 **Lecointre,** dép. de Seine-et-Oise et la Convention, il est coiffé d'un chapeau avec plumes. Gravé par Masquelier. Joli petit portrait de la plus grande rareté.

935 **Ledeist** de Botidoux, dép. de Bretagne. D.
Lefebvre de Chailly, dép. de Rouen. D.
Lefèvre-d'Ormesson de Noyseau, dép. de la vicomté de Paris. D.
Lefèvre, général des armées de la République. B. Erhan et Fiesinger. 3.

936 **Lefranc** de Pompignan, dép. du Dauphiné. D. et L. V. 2.
— Autre, médaillon fond noir.

Lefrançois, dép. du Perche. D. et L. V. **2**.
Legendre, dép. de Bretagne. D.
Legolias, dép. de Bretagne. D
Legrand, dép. du Berry. D.
Legrand de Boislandry, dép. de la vicomté de Paris. D.
Lehrbach, dép. de l'empire au congrès de Rastadt.
937 **Leissegues**, dép. de Bretagne. D.
Lelay de Grantugen, dép. de Bretagne. D.
Lelubois, dép. de Coutances. D. ---
Lemaignan, dép. d'Anjou. D.
Lemaréchal, dép. d'Évreux. D. et L. V. **2**.
Lemercier, dép. de Saintonge. D.
— Autre petit sur fond noir.
Lemoine, dép. de Paris. D.
Lemoine de la Giraudais, dép. de Bretagne. D.
Lepelletier de Feumusson, dép. du Maine. D.
938 **Lepelletier-Saint-Fargeau**, député de Paris. D.
— dép. à la Convention. B.
— par Alix, d'après Garnerey, en couleur.
939 — premier martyr de la liberté avec couronne de laurier. In-fol. Très-rare.
— chez Esnauts et Rapilly.
940 — par Angél. Briceau, en couleur. Rare.
— avec couronne, étoile au-dessus de la tête.
— format de la coll. L. V.
941 — médaillon fond noir de profil à gauche. Rare.
942 — avec ces paroles : Je meurs content, le tyran n'est plus. Rare.
943 — avec étoile au-dessus de la tête, chez Villeneuve. Joli portrait.
— médaillon rond en couleur.

— médaillon rond, revers du gilet rouge.
— par la cit^e Montaland, d'après Desrais.
— maison du citoyen Leclerc.
— dans un médaillon rond de profil à gauche.
944 — chez Benoist. Rare.
— sur satin
945 — chez Mme Bergny. Rare.
— chez Bance.
— dessin au crayon.
946 — couronné par la France coiffée du bonnet rouge. Très-rare.
— médaillon bistre de profil à gauche.
947 — Victime de l'honneur Périr pour la patrie, etc.
948 — avec le portrait de Pâris, son assassin au bas à droite.
— avec Marat, Challier et Barra.
949 — d'après le plâtre moulé sur nature, gravé par Vérité. En couleur.
950 — le corps couché, une branche de laurier sur la tête. Très-rare.
951 — Carte de la société populaire Lepelletier, avec portrait. Jolie petite pièce. Rare.
952 — par Levachez, Bonneville, etc. 8.
953 — Tombeau. Sur la face, portrait dans un médaillon, couronne d'étoiles au-dessus, bonnet phrygien dans le haut. A Paris, chez Villeneuve. Belle pièce. Rare.
954 — Assassinat de Michel Lepelletier, chez Février, restaurateur, au palais de l'Égalité, par Brion, imprimée en couleur. Rare.
955 — la même, imprimée en noir.
956 — même sujet. Pâris se brûle la cervelle. Honneurs rendus à Lepelletier. Tirées des revol. de Paris. 3 pièces.

957 — Exposition du corps de Lepelletier sur le piédestal de la ci-devant statue de Louis XIV, place des Piques, le 24 janvier 1793. Très-rare.

958 **Lepine**-Beaulieu, dép. de Tours. L. V.

Lepoutre, dép. de Lille. D. et L. V. 2.

Lequinio, dép. à la Législative et à la Convention. B.

Lerouvillois, dép. de Coutances. D.

Leroux, dép. d'Amiens. D.

959 **Leroy**, dit Dix-Août, juré au tribunal révolutionnaire depuis sa création. B.

960 **Lesergeant**-d'Isbergue, dép. d'Artois. D. et L. V. 2.

961 **Lestang** (P.-J.-G. Caillères), commandant-général des vétérans de la République, par Gautier, d'après Bonneville. Très-rare.

962 **Letellier**, curé de Bonœil, dép. de Caen. D.

Letellier, dép. de Seine-et-Marne à la Convention. B. Rare.

963 **Letonnelier** de Breteuil, dép. de Rivière-Verdun. D.

964 **Letourneur** de la Manche, membre du Directoire. B.

— au physion. Chrétien. Rare.

— en pied, par Alix, d'après Desoria, grand in-fol.

Levasseur de Villeblanche, dép. de Saint-Domingue. D.

Levassor (comte de la Touche), dép. de Montargis. L. V.

965 **Levy** (duc de), dép. de Senlis. D.

Leymiare, curé, dép. du Lot. L. V.

Leyris (de), évêque et dép. de Perpignan. D.

Lezay-Marnesia (de), dép. d'Aval. L. V.

966 **Liancourt** (F.-A.-F. de la Rochefoucault, duc
de), dép. de Clermont en Beauvoisis.. D. et L. V.
— comme président, chez Lecœur. Joli et rare.
— par Vérité, Bonneville et anonymes. 3.

967 **Liénart,** dép. de Péronne, etc. D.
Lilia de Crose (de), dép. du Bugey. D.
Livré, dép. du Maine. D.
Loeben (comte de), dép. de l'empire à Rastadt.
2 épreuves, l'une avant la lettre.
Leedon de Keromen, dép. de Bretagne. D.
Lofficial, dép. du Poitou. D.

968 **Lombard** de Bouvens, dép. de Touraine, au
physion. Chretien. Rare.
Lombart-Taradeau, dép. de Draguignan. D.
Lompré ou Longpré, dép. d'Amont. D. et L.
V. 2.
Long, dép. de Rivière-Verdun. D.
Longueve (de), dép. d'Orléans. D.

969 **Louvet** (J.-B), dép. du Loiret à la Convention,
par Adam, Bonneville, Lips et anonymes. 5 pièces.

970 **Loynes** (de), dép. du Poitou. D.
Lubersac (de), évêque et dép. de Chartres.
L. V.
Lucas de Gannat, dép. du Bourbonnais.
L. V.

971 **Luckner** (général), par Bonneville, Vérité,
Guérin, Levachez et anonyme. 7.

972 **Luillier** (de), dép. de Limoux. D.
Lusignent (de), dép. de Paris. L. V.
Lux (Adam), dép. de Mayence à la Convention,
par Bonneville.
Luze de l'Étang (de), dép. de Bordeaux. L. V.
et D. 2.

Macdonald (général), par Levachez. Joli petit portrait.
— autre. B.
Maillard, président des Septembriseurs, par Riester, d'après Gabriel.
Mailly-Château-Renaud, dép. d'Aval. D.
Malartie (vicomte de), dép. de la Rochelle. D.
973. **Malouet**, dép. d'Auvergne. D. et L. V. 2.
— par Bonneville, Vérité, Mariage et Fiesinger. 4.
— par Vanden-Berghe. 2 épreuves avec différences. Rare.
974 **Maugin**, dép. de Sedan. D.
Manhiaval, dép. de Villefranche. D.
975 **Manuel**, dép. à la Conv. procureur de la commune de Paris. B.
— avec 4 vers, commençant ainsi :
Je ne suis point né délicat,
J'ai l'âme sordide et commune, etc.
— par Levachez, avec scène de Duplessis-Bertaux. 2.
976 **Marat**, vainqueur de l'aristocratie. Diogène, couvert d'un bonnet rouge, quitte son tonneau pour donner la main à Marat qui sort d'un soupirail. Par Villeneuve. Curieuse et très-rare.
977 — par Alix, d'ap. Garnerey, en couleur.
978 — à la tribune, par Tourcaty, d'ap. Simon Petit. Épr. avant la lettre. Rare.
979 — la même avec la lettre. Rare.
980 — par Beisson, d'ap. Boze.
981 — par Schiavonetti, Ch. Corday le poignarde sur un canapé. Cette pièce ayant été exécutée en Angleterre, la pruderie anglaise n'admettait pas que le meurtre eût eu lieu dans un bain. Très-rare.

982. — n'ayant pu me corrompre, ils m'ont assassiné, par Brion. On enlève le corps de Marat, et l'on voit sur la gauche Charlotte Corday arrêtée. Rare.

983 — Marat dans son bain. Il a été frappé ; sa main gauche tient le papier sur lequel il vient de tracer quelques lignes ; sa main droite retombe inerte le long de la baignoire. Dessin à la plume, lavé de bistre. Unique.

984 — buste couronné de laurier appuyé sur un coussin ; des gouttes de sang s'échappent de la blessure. Dessiné d'ap. nature, le 19 juillet 1793. chez Queverdo. Rare.

985 — d'ap. le plâtre moulé sur nature et gravé par Vérité.
— d'ap. David, par Copia.

986 — avec les couronnes civiques qu'il reçut après avoir été déclaré innocent, le 24 avril 1793. En bistre. Chez Levachez. Rare.

987 — chez la citoyenne Bergny. En couleur.
— chez Esnauts et Rapilly.

988 — par Bonneville , petit portrait imprimé en rouge. Très-rare.

989 — avec couronne. Chez Bance.
— par Blanchard.

990 — coiffé d'un chapeau avec cocarde, par Zatta. Très-rare.

991 — par la cite Montaland, d'apr. Desrais.

992 — chez la cite Bergny, en couleur.
— imp. sur satin, en couleur.

993 — avant toute lettre. Rare.

994 — en bistre et coloriée avec couronne. 2.

995 — physion, Chrétien. Très-rare.

996 — second martyr de la liberté par Vérité, in-fol.

997 — par Angélique Briceau, en couleur. Rare.

998 — Marat à l'immortalité, avec figures allégoriques ; à droite le Panthéon. Pièce en couleur. Chez la citoyenne Bergny. Très-rare.

999 — dans un petit médaillon rond au pointillé, Peuple, vois ton ami, etc. Rare.

1000 — en buste coiffé du bonnet rouge, dessin par Basset : « Peuple, tu vois ici l'image du grand MARAT ; du haut du ciel il veille sur toit. » (Orthographe conservée).

1001 — buste sur un piédestal couronné par une figure allégorique, en couleur. Chez Chereau. Très-rare.

1002 — médaillon ovale chez Basset.
— par Schutz, Der Samson, etc.
— Looyez excudit, 1793.
— la liberté coiffée du bonnet rouge un niveau au-dessus de la tete ; elle tient le buste de Marat. Dessin.
— dans un médaillon avec trophée. Dessin.
— la renommée coiffée d'un casque soutient le buste de Marat. Dessin.
— la liberté avec des ailes tient une feuille sur laquelle est le buste de Marat. Dessin.
— par Levachez, avec la scène du triomphe de Marat par Duplessis-Bertaux. Le portrait en couleur.
— en buste, dessin au crayon, signé : J. L. Bonnet.

1003 — table des droits de l'homme. Marat et Lepelletier en regard l'un de l'autre.

1004 — Lepelletier et Marat, petit médaillon. Très-rare.

1005 — la liberté tenant un médaillon contenant Marat et Lepelletier.

1006 — l'égalité avec les memes. Chez Basset. Rare.

1007 — la liberté assise sur un lion ; dans le haut, à droite, Marat, Lepelletier et Chalier, dans un médaillon. Rare.

1008 — avec Barra, Lepelletier et Chalier, chez Bance. Rare.

1009 — de profil à droite, Marat, Lepelletier, Chalier. Très-rare.

1010 — les mêmes en couleur. Chez Girard. Très-rare.

1011 — les mêmes avec couronnes. Très-rare.

1012 — autour d'une urne, Marat dans le haut, et sur les côtés, Viala, Chalier, Moulin, Barra, Pelletier, Beauvais. Rare.

1013 — avec Lepelletier, Beaurepaire, Pajot, Barra, Lajouski, Chalier, Moulin et Richer. Rare.

1014 — avec Chalier, Lepelletier et l'arra coiffé d'un casque. Rare.

1015 — avec Lepelletier et Chalier. La liberté au-dessus de Marat. Rare.

1016 — sur la face d'un tombeau, couronne d'étoiles au-dessus du buste ; bonnet rouge dans le haut. Chez Villeneuve. Rare.

1017 — bustes de Lepelletier et de Marat en regard l'un de l'autre ; une parque de chaque côté, la troisième au-dessus des deux personnages coupe le fil. Chez Basset. Grande pièce, très-curieuse et excessivement rare.

1018 — unité, indivisibilité de la république, liberté, égalité, fraternité ou la mort. Au bas, calendrier de l'an 2ᵐ, bustes de Marat surmonté du bonnet rouge, de Lepelletier surmonté d'un casque avec cocarde. C'était un placard que l'on affichait dans les sections et qui devait indiquer les noms des membres en tour de service. De la plus grande rareté.

1019 — tombeau de Marat par Née, d'ap. Pillement·
Avant la lettre.
— inauguration du buste de Marat élevé place de
la Réunion, à Paris, par Ransonnette.

1020 — Marat debout, les pieds sur les tronçons d'un
monstre qu'il a abattu (l'aristocratie); près de lui
sur des nuages, une figure allégorique couronnée
par un génie montre à Marat le Panthéon. Dessin
très-bien exécuté en bistre sur fond noir. Unique
et fort curieux. — Marat et le Panthéon !

1021 — Marat veut entrer aux Champs-Elysées, mais
il est violemment retenu par les furies et repoussé
par J.-J. Rousseau; dans le fond, à droite on voit
Voltaire s'entretenant avec d'autres personnages.
Joli dessin au bistre rehaussé de blanc qui rap-
pelle la manière de Moreau jeune.

1022 — par Bonneville et anonymes, 6 portraits.
— Marat décrété d'accusation, son assassinat,
fac similé du dernier billet de Marat et de la lettre
de Ch. Corday à son père, affiche sur Lepelletier,
Brutus et Marat, etc. 8 pièces.

1023 **Marceau** (général), par Bonneville. 2, dont l'un
avec la coiffure de hussard.
— par Nettling.

1024 — en pied par *Sergent*.

1025 — en pied par *Charon*, d'ap. Aubry.
— par *Levachez* avec scène de Duplessis-Bertaux.
2 différents.
— sa mort. 2 pièces différentes.

1026 — honneurs rendus à Marceau par les Autri-
chiens. Monument élevé en Allemagne dans la
forêt où il fut blessé. 2 petites pièces par Sergent.

1027 — honneurs rendus à Marceau. Jolie pièce en bistre par Sergent. Rare.

1028 — tombeau à la mémoire de Marceau, gravé par Sergent et offert à son épouse Émira Marceau. Jolie pièce en couleur. Très-rare.
— autre tombeau.

1029 **Marchais**, dép. d'Angouleme. D.
Marguerittes, maire de Nismes, dép. au physion ; autre de profil à gauche.
Marolles (l'abbé), curé et dép. de Saint-Quentin. D. et L V. 2.

1030 **Marsaune** Fonjuliane (comte de), dép. de Dauphiné. D. et L. V. 2.
Marsay (de), dép. de Loudun. D.
Martin, dép. de Besançon. L. V. et D. 2.
Martin, curé, dép. de Béziers. D.
Martineau, dép. de Paris. D.
Martinet, dép. d'Anjou, D.
Mascon (comte de), dép. de Riom. D.

1031 **Masséna** (général), par Levachez, en couleur. Joli portrait.

1032 — par Miger, d'ap. Guérin.
— par Schmidt, Fiesinger, Bonneville et anonymes. 5.

1033 **Mathias**, dép. de Riom. D.
Maupassant, dép. de Bretagne. D.
Mauriet de Flory, dép. du Mont-de-Marsan. D.

1034 **Maury** (l'abbé), dép. de Péronne, D. et L. V. 2.

1035 — dans un intérieur, assis dans un fauteuil, manière de Levachez, avant toute lettre. Joli portrait. Rare.

1036 — Si Maury n'était pas, il faudrait l'inventer.
Chez Villeneuve, en couleur. Très-rare.

1037 — dans un médaillon au-dessus duquel est un
génie tenant une lampe allumée.
— par Klauber.
— médaillon rond, en couleur. Rare.

1038 — par Godefroy, in-folio. Rare.

1039 — par Bonneville, Vérité, Roger, Levachez, etc.
8.
— diverses petites p. historiques. 6.

CARICATURES.

1040 — l'abbé Sang-Suré. 2 p. différ.
— l'enragé ou l'avocat des aristocrates : «Eh bien,
mon fils, eh l'abbé, prends garde à la lanterne, le
veau d'or, la rage souffle par sa bouche, chassez
le naturel, l'abbé M... chassé des enfers, etc. 12
pièces.

1041 **Mayet**, dép. de Lyon. L. V.
Mazurier de Pennanech, dép. de Bretagne. D.
Méchin, dép. de Bretagne. D.
Melchior Dabadye, dép. des Quatre-Vallées.
D.

1042 **Mehé de la Touche**, gref.-adjoint de la commune du 10 août. Physion. Rare.

1043 **Melon**, dép. du Bas-Limousin. D.
Melzi, vice-prés. de la Rép. italienne.
Ménard de la Groye, dép. du Maine. D.
Menou (général), dép. de Touraine. D.
— par Bonneville, Vérité, etc.

1044 **Mentor**, dép. de Saint-Domingue au conseil des
Cinq-Cents, par Gonord. Joli petit portrait. Très-
rare.
— autre par Bonneville, d'ap. Valain.

1045. **Menu** de Chomorceau, dép. de Sens. D. et L. V.
2.
1046. **Mercier**, auteur du Tableau de Paris, dép. à la
Convention. B.
— par Henriquez, d'ap. Pujos. Avant la lettre.
Rare.
1047 — le même avec la lettre.
— autre portrait avant la lettre.
— autre chez Basset.
— par Lorieux, d'ap. Preudhomme.

CARICATURES.

1048 — l'auteur tombé, chez Basset, fonds de mercier
à vendre, Erostrate moderne écrivant sur les
arts :
Messieurs, je suis, quoi qu'on en dise,
Nostradamus, cadet Moïse, etc,
l'âne comme il n'y en a point, pièce relative au
drame de *la Brouette du Vinaigrier*. 4.
1049 **Mercy** (de), dép. archevêque de Bourges. Physion. Chrétien.
Mérigeaux, dép. de Béziers. D.
Merle, dép. de Mâcon. D. et L. V. 2.
Merlin, dép. de Douay. D.; autre de profil à
gauche. 2.
— membre du Directoire. B.; autre anonyme. 2.
— en pied, costume de Directeur, colorié.
1050 **Mesgrigny** (marquis de), dép. de Troyes. D.
Mesnager, dép. de Meaux, D.
Mesnard, dép. de Saumur. D.
Mestre, dép. de Libourne. D.
Meunier du Breuil, dép. de Mantes. D.
Meurinne, dép. de Clermont en Beauvoisis. D.

Mevolhon, dép. de Forcalquier. D.

Meyer, dép. des villes d'Alsace. D.

1051 **Michaud,** dép. d'Artois. D.
— autre par Vérité.

Millet (Ch.) dép. de Dourdan. D.

Millet de la Mambre, dép. de Sedan. D.

Milscent, dép. d'Anjou. D.

1052 **Mirabeau** (comte de), dép. d'Aix. D.
— joli petit médaillon en bistre.
— avec couronne d'étoiles au-dessus de la tete.
Chez Basset.

1053 — en bistre, chez Basset.
— de profil à droite, habit en rouge.
— constitution, patrie, etc., voilà nos dieux.
— en pied, couronne d'étoiles au dessus de la
tete.

1055 — joli petit médaillon fond bleu. Rare.
— Chez Levachez.
— de profil à droite, en couleur.
— en bistre, texte italien. Rare.

1056 — par Fiesinger, d'ap. Guerin, de profil et de
face. 2.
— par Vérité.
— par Copia, d'ap. Sicardi.
— en manière noire. Chez Haid.

1057 — Apothéose de Mirabeau. Jolie pièce en bistre,
par Hoin. Rare.
— par Audoin, d'ap. M. Beau portrait.
— par Alix. En couleur.

1058 — Au-dessus d'une urne, médaillon sur lequel
la Mort a posé la main.
— Démosthène de la France. Tremblez, tyrans,
qu'il ne s'éveille.

— Hommages rendus à la mémoire de Mirabeau, par Gaucher, d'ap. Groenia. Des amours couronnent son buste ; le France éplorée est appuyée sur son tombeau.

— Quoique mort, il sert d'égide contre les ennemis de la Constitution. Chez Basset.

1059. — par Levachez, Ponce, Bonneville, etc. 9.

1060. — Mirabeau remettant à M. de Talleyrand son ouvrage sur les Successions. Pièce en bistre.

— Epitaphe de Mirabeau en l'église Saint-Eustache.

— Mirabeau aux Champs-Élysées, par Masquelier, d'ap. Moreau jeune. 2 épr., l'une avant la lettre.

1061 — Apparition de l'ombre de Mirabeau. On voit, dans l'armoire de fer des Tuileries, son squelette tenant une bourse. Rare.

1062 **Mirabeau** jeune, dép. de Limoges. D.
— chez M⁰ Bergny

CARICATURES.

1063 — Allons, monsieur le Vicomte, voici le moment de monter à l'échelle.

— coiffé du chapeau de l'aristocratie, par son ami l'abbé Maury. — Gros-Major de l'armée noire ; Avec autant de matière, on peut faire des déjeuners. 4.

— Paris, Perpignan, Castelnaudary. Jolie petite pièce. Rare.

— chef d'une légion de l'armée noire.

— La Maîtresse vivandière de l'armée.

1064 — Voulant escalader la tribune ; Sire, nous fer-
mons ; le grand Colonel Tonneau allant à son régi-
ment ; Il veut tuer un de ses pères nourriciers.
4 pièces.

1065 **Miremont** (Comte de), dép. du Vermandois.
D.

Missy (De), dép. de l'Ile de France. D.

Mollien, dép. de Rouen. D.

1066 **Momoro,** premier imprimeur de la Liberté.
Joli petit portrait.

1067 **Moncorps** (Comte de), dép. d'Auxerre. D.

Monneron (Les trois Frères), dép. D.

Monssinat, dép. de Toulouse. L. V.

Montagut-Barreau, dép. de Cominges. L. V.
Epr. avant toute lettre. Rare.
— Le même avec la lettre.

1068 **Montcalm-Gozon** (Comte de), dép. de Carcassonne, D.
— par Sandoz et anonymes. 2.

Montcalm-Gozon (Marquis), dép. de Villefranche, de Rouergue. D.
— Anonymes. 2.

Montesquiou (Fr. M. Ant. Fezenzac de), dép.
de Paris. D.

1069 **Montesquiou** (Anne-Pierre, marquis de Fezenzac), dép. de Paris. D.
— Bonneville, Vérité, Fiesinger et Stattrop. 4.

1070 — La France le surprend fouillant dans le Trésor national. — Que fais-tu là, coquin ? — Je n'ai
pas de compte à vous rendre. 3 pièces sur le
même sujet, différentes. Rares.

1071 **Montfort** (De), dép. du Dauphiné. D.

Montlosier (De Régnaud de). dép. d'Auvergne. D.

Montmorency (Mathieu, comte de), dép. de Montfort Lamaury. L. V.
— Autre, avant toute lettre.
— Anonymes. 2.

1072 **Moreau** (Général), par Ruotte, d'ap. Dutaillis.
— par Levachez, En couleur.
— par Cardon.
— par Mauritius.
— d'apr. Guérin, par Herhan.
— par Portman. Audouin. 2.

1073 — en pied, prêt à monter à cheval. Avant la lettre.
— en pied, par Freschi, Lefebvre, Coqueret. 3.

1074 — à cheval, par Schenker, d'ap. C. Vernet, Chataignier, Maradon, etc. 4.

1075 — par Bonneville, Levachez, etc. 17.

1076 **Moreau de St-Mery**, prés. des élect. de Paris, en juillet 1789. Au physion. Quenedey. Rare.

1077 **Morel de Vindé**. 2 jolis petits portraits, l'un au physion. Quenedey. Rares.

1078 **Moriet de Flory**, dép. D.
Morin, dép. de Carcassonne. D.
Mougeotte de Vignes, dép. de Chaumont en Bassigny. D.
Mougins de Roquefort, curé, dép. de Dradraguignan. L. V. et D.
— Autre, Sergent excudit.
Mougins de Roquefort, maire et dép. de Grave, etc. D. et L. V.
— Autre. Médaillon rond, au pointillé. Rare.
Moyot, dép. de Bretagne. D.

1079 **Muir** (Thomas), présid. de la soc. de corresp. d'Ecosse.

1080 **Mulot**.(L'abbé),_dép. de..Paris, par Campion, Très-rare.
— Autres, chez Basset, par David. 2.
Murat (De), dép. du Mans. D.
1081 **Murat** (Général). A.Paris, chez Basset. Autres, anonymes. 2.
1082 **Murinais** (De), dép. du Dauphiné. D.
Nau-Belille,, dép. de Castel-Moron. D.
Naurissart, direct. de la monnaie et dép. de Limoges, 1789. Au physion. Rare.
Nedonchel (Baron de), dép. du Haynault. D.
1083 **Necker.** Restauration de la nation française. 1789.
— par Aug. St-Aubin, d'ap. Duplessis, 1re épr., avec le nom à la pointe, avant le nom, dans le haut et avant l'adresse. Joli portrait. Rare.
1084 — Le même, avec les additions de lettre indiquées.
— Autre, par St-Aubin, d'ap. Duplessis. 1re épr. avec les noms à la pointe et cinq vers.
— Le même, les vers effacés, M. Necker au bas. — 3r, avec l'adresse Esnaults et Rapilly.
1085 — par St-Aubin, d'ap. Duplessis, in-fol. 1re épr. avant l'adresse de l'auteur.
1086 — Le même, avec l'adresse.
— Ecrivant le compte rendu. 2 différents.
1087 — parLevachez. Joli petit portr. en couleur. Rare.
1088 — entouré de trophées. Au bas la réunion des trois ordres. Très-rare.
1089 En bistre. Chez Basset. Chez Lecœur. 2.
— par Allais, Audouin, Boknans. 3.
— d'ap. Bernard (1789). A la manière des calligraphes.
— par Boillet, d'Embrun, Duhamel. 4.

1090 — par Sergent, d'ap. Duplessis. Joli portrait en couleur. Rare.

1091 — par Delaunay, d'ap. Duplessis.
— L'œil du génie. Jolie pièce en bistre. Chez Crepy.
— par Marie-An. Croisier. Joli petit portrait.

1092 — Médaillon en couleur entouré de Mercure, de l'Abondance et de trophées. Rare.

1093 — L'Hommage sincère. Civis invenit, amicus. Sculpt. Très-rare.

1094 — Couronné par la France, par Kraus. Avant et avec la lettre. 2.
— Le Compte rendu. 2, avec différences.
— avec Louis XVI. Chez Vallée.

1095 — Français, si j'étais perdue, vous me trouveriez au cœur de votre roi. Rare.
— La Vérité triomphante. Chez Guyot.
— Vertu surmonte tous obstacles. Au bistre.
— L'heureuse Administration, par M.-An. Croisier. Rare.
— en pied et assis (Compte rendu), avec chanson, avec Louis XII, Henri IV et Louis XVI. 4.

1096 — La Sagesse montre le portr. de Necker. Il fait prendre la mesure de nouveaux habits pour la France. 2 petites p. par Sergent.
— Projet d'une colomne rostrale en l'honneur de Necker, par Boily, d'ap. Lansing.

1097 — Portrait avec ces deux lignes au bas : J'ai laissé le peuple sans roi et le royaume sans finances. Autre, avec médaillon de Calvin dans le haut. Rares.
— Petite pièce où l'on voit Richelieu mettant les oreilles d'âne à Necker.

1098 — Ils voudraient abattre ce qui les soutient ; la Noblesse et le Clergé cherchent à abattre l'arbre sur lequel sont placés les membres du tiers-état ; Necker soutient l'arbre. Très-rare.

1099 — Portraits, pièces historiques et allégoriques 48 pièces, plusieurs rares.

1100 **Neuville** (De), dép. de Bretagne. D.
Nicodème, dép. de Valenciennes. D.
Nioche, dép. de Touraine. D.
Noailles (Louis-Marie, vicomte de), dép. de Nemours. D.
— — par Vérité et anonyme. **2.**

1101 **Noailles**, prince de Poix (De), dép. d'Amiens. D.
Nolf, dép. de Lille. D. et L. V. **2.**

1102 **Noussitou**, dép. du Béarn. D.
Novion, dép. du Vermandois. D.
Otto, min. plénip. de la Rép. franç., près Sa Majesté britannique, par Cardon et anonyme. **2.**
Oudet, député de Châlons-sur-Saône. D.
Pain, dép. de Caen. D.

1103 **Paine** (Thomas), dép. à la Conv. B.
— Autres. Chez Basset et anonymes. **4.**
— par Will. Scharp., d'ap. Romney. Beau portrait. Rare.

1104 **Palasne** de Champeaux, dép. de St-Brieuc. D.
— Autres, au physion. Quenedey et anonyme. **2.**
Palloy, par Ruotte, d'ap. Mlle Pontin.
Palmaert, dép. de Bailleul. D.
Pauetier (Comte de), dép. de la vicomté de Couzerans. L. V.

1105 **Paoli** (Général), par Nilson et anonymes. **3.**

1106 — par Hend. Kobell, 1768. Beau port. à l'eau-forte.

1107 — par Demarcenay.

— par Bradel, Miller et Ch. Desnos. 3.

— par Vinkeles. Av. la lettre. Rare, et avec la l.

— par Bonneville, Bein et Valentini. 3.

1108 Papin, dép. de la vicomté de Paris. D.

Pardieu (Comte de), dép. de St-Quentin. D. et L. V. 2.

1109 Parein (Pierre-Mathieu), homme de loi, un des vainqueurs de la Bastille. Très-rare.

1110 Pastoret, présid. premier de la 1re Assemblée nat. législ. D.

— Autre, par B.

— Autre par Mlle Notté.

Paultre des Epinettes, dép. d'Auxonne. D. et L. V. 2.

Payen Bois-Neuf, dép. de Tours. D.

Pégot, dép. de Cominges. D. et L. V. 2.

Pelauque Berault, dép. du Condomois. L. V.

Pelisson, de Gênes, dép. du Maine. D.

1111 Pellegrin, dép. de Bassigni. D.

Peloux, dép. de Marseille. D.

Pemartin d'Oloron, dép. du Béarn. D.

Peres de Lagesse, dép. de Rivière Verdun. D. et L. V. 2.

— Autre. Chez Mr Bergny.

Peretti de la Rocca, dép. de Corse D.

1112 Perier, dép. de Châteauneuf en Thimerais. D. et L. V. 2.

Perrier, d'ép. d'Étampes. D. et L. V. 2.

Perisse du Luc, dép. de Lyon. D.

Pernel, dép. d'Amont. D.

Perrotin de Barmond, dép. de Paris. L. V. et D. 2.

Pervinquière, dép. du Poitou. D.

1113. **Petion** de Villeneuve, dép. de Chartres, d'ap. Labadye et Gros. D. 2.
— d'ap. Laplace et Sandoz. L. V. 2.
1114 — dans un médaillon rond, de profil à droite, entouré de deux branches de chêne liées au-dessous. Joli portrait avant la lettre. Rare.
1115 — par Levachez fils, d'ap. Laplace. En couleur. Charmant portrait. Rare.
1116 — par Roosing. 1792.
— au-dessus d'une partie de calendrier. Octobre.
— de la collect. de la cocarde nationale.
1117 — au physion. Rare.
1118 — par de Gouy, Ricotet et anonymes. 4.
1119 — de profil à gauche. Avant la lettre. Rare.
1120 — vu de face, avec écharpe. Rare.
1121 — vu de face, avec écharpe tricolore; de chaque côté, faisceaux surmontés du bonnet rouge. Très-rare.
1122 — dans un cœur. Chez Villeneuve. Très-rare.
— par Klauber, Ligbert, St, Fiesinger, Vérité, B. et Levachez. 8.
1124 — avec quatre vers commençant ainsi :
En deux mots, voici mon histoire :
Dans Paris j'étais adoré, etc. Très-rare.

CARICATURES OU PIÈCES SATIRIQUES.

1125 — Activité constitutionnelle de la municipalité de Paris. De la plus grande rareté.
1126 — J'ai des principes, un caractère et des confrères jacobins; ça ira-t-il? Jolie pièce en bistre. Rare.
1127 — Dernier effort des jacobins. Un âne lance une ruade à Louis XVI. PET HION.

1128 — Nous verrons qui l'emportera. Petion, maire II, monté sur la Constitution, figurée par un animal, lutte contre la noblesse. accompagnée d'Hercule. 2 épr., dont une avant la lettre. Rares.

1129 — La Liberté donnant l'écharpe municipale à Pethion.

1130 — Les Parques nationales parisiennes. Pet.. mer deux; il est dans un tonneau. Trois marchandes de la halle tiennent des quenouilles. — Puis que tu ne veux pas nous donner pourboire, nous allons filer ta corde. — 1791. 3 pièces différentes sur le même sujet. Rares.

1131 — Halte-là! monstres. La noblesse cherche à arrêter Pethion, monté sur la Constitution, figurée par un monstre qui vomit des piques, etc.

1132 — Le petit Dum... annonçant à Petion l'arrestation de son ami, M. de Lessart, et pleurant comme un veau. Pièce coloriée. Rare.

1133 — Des trois le meilleur ne vaut rien. Rébus où figurent Petion, Coco (Bailly), et 100 tort (Lafayette). Rare.

1134 — MM. Petion, Desrues et Brissot, tous les trois bons bourgeois de Chartres, arrivant à Paris pour le bonheur de cette capitale. Jolie pièce. Excessivement rare.

1135 — Gare aux faux pas. Petion danse sur la corde, la Constitution à une extrémité du balancier, projet de république à l'autre bout; Lafayette fait danser les marionnettes; MM^{mes} Dondon, Picot, Stal, Condorcet donnant du corps (sic); d'Orléans jouant de la contrebasse, etc. Pièce fort curieuse et très-rare.

1136 **Peyruchaud**, dép. de Castelmoron-d'Albret. D. **Philippeaux**, dép. à la Conv. B.

1137 **Pichegru** (général), dép. du Jura au conseil des Cinq-Cents. Dans un petit médaillon rond. Joli port. par Bonneville.
— coiffé d'un chapeau avec plume. Texte allemand.

1138 — avec enfant ailé au bas. Avant la lettre, sur les deux écussons. 1797. Rare.

1139 — Le même, avec la lettre.
— de profil à droite. Casque avec chimère en haut du médaillon.
— par Klauber.

1140 — coiffé d'un chapeau avec plume. Écharpe et hausse-col. Très-rare.

1141 — dans un médaillon rond au-dessus d'une tablette. Avant la lettre.
— par Bonneville.
— en pied, par Lefèvre et Coqueret, d'ap. Hilaire Le Dru. 3.
— par Levachez et autres. 7.

1142 — dans un médaillon rond. Au-dessous, tablette où il est représenté s'étranglant en tordant sa cravatte autour de son cou. Rare.

1143 — Son arrestation. Pièce bien exécutée. D'une grande rareté.

1144 — L'homme propose et Dieu dispose. Pichegru est en voiture et se dirige sur la prison du Temple que l'on voit à droite. A gauche, le château de Chambord enfumé Très-rare.
— Son tombeau.

1145 **Pilat**, dép. de Douai. D.

Pincepré de Buire, dép. de Péronne. D.

Pinterel de Louverny, dép. de Château-Thierry. D.

1145 **Pinteville** (baron de Cernon), dép. de Châlons-
sur-Marne. D. et L. V. 2.
Pison du Galland, dép. du Dauphiné. D.
1146 **Pitt**, par Boock, Pichler. 2.
1147 — Autre, par Bartolozzi. Rare.
1148 — en couleur. Beau port. avant le nom des ar-
tistes.
1149 — par Gillray. Beau portrait. 1789.
1150 **Planelli** (marquis de Maubec), dép. de Sens. D.
Plas (de), comte de Tane, dép. du Quercy. D.
Pleure (marquis de), dép. de Sézanne. D.
Pochet (de), dép. d'Aix. D.
Poillowe (de), de Saint-Mars, dép. d'Étampes.
D.
Poncet Delpech, dép. du Quercy, D. et L. V. 2.
— par Sandoz. En couleur.
1151 **Populus**, dép. de Bourg-en-Bresse. D. et L. V. 2.
Pothée, dép. de Vendôme. D.
Pougeard du Limbert, dép. d'Angoulême. D.
Poulain de Boutancourt, dép. de Vitri-le-Fran-
çais. D.
Poulain de Corbion, dép de Saint-Brieux. D. et
L. V. 2.
Poulle (de), dép. de la princ. d'Orange. D.
Poultier, dép. de Montreuil-sur-Mer. D. et L.
V. 2.
Pous, dép. de Toulouse. D.
1152 **Pradt** (l'abbé de), dép. de Caux. D.
— Autre, avec le titre d'aumônier du Dieu Mars.
Prevot, dép. de Péronne. D.
Prez (de Crassier), dép. de Gex. D.
1153 **Prieur**, dep. de Châlons-sur-Marne. D. et L.
V. 2.
— Autre, par Vérité.

1153 **Provençal** Fonchâteau (de), dép. d'Arles. D.
et L. V. 2.

Prud'homme de Keraugon, dép. de Bretagne.
D.

Prugnon, dép. de Nancy. D.

1154 **Puysaie** (comte de). dép. du Perche. D. et L.
V. 2.

— Autre, par Bonneville.

1155 **Quinette**, dép. de l'Aisne, avec ces trois lignes
au milieu de la marge du bas, au-dessous du trait
carré :

> Républicain
> Livré aux rois
> Par un traître.

par Miger, d'ap. Laneuville. Beau port. Très-rare.

1156 — par Bonneville et Vérité. 2.

1157 **Rabaut-Pommier**, dép. à la Conv. Au physion. Rare.

1158 **Rabaut** de Saint-Étienne, dép. de Nîmes. D.

— chez Mme Bergny. En couleur.

— de la coll. de la Cocarde nationale.

1159 — par Beisson, d'ap. Boze. Beau port. avant la
lettre. Très-rare.

1160 — Autre avant la lettre et avant les noms des artistes. Rare.

1161 — par Bonneville, Fiesinger, Vérité et anonymes. 6.

CARICATURES.

1162 — Les coups de Rabot. En bistre. Rare.

1163 — Même sujet. En noir.

1164 — Les braves brigands d'Avignon. Rare.

1165 **Raby** de Saint-Médard, dép. de Toulouse. L. V.
Rafelis Broves (de), dép. de Draguignan. D.
Raux, dép. de Reims. D.
Reden (baron de), dép. de l'emp. à Rastadt.
Regnault, dép. de Saint-Jean-d'Angely. D. et
L. V. Autre chez Mme Bergny. 3.
Regnault d'Épercy, dép. de Dôle. L. V.
Renault, dép. d'Agen. D.

1166 **Renaud** (Cécile), arrêtée chez Robespierre. B.
Autre, avec ce nom : la Renault. 2.
— par Levachez, avec scène de Duplessis-Bertaux. 2.

1167 **Repoux**, dép. d'Autun. D.
Revellière-Lepeaux, membre du Directoire.
B. et anonyme. 2.
Revol, dép. du Dauphiné. D.

1168 **Rewbel**, dép. de Colmar, membre du Directoire.
D. B. Fiesinger, Vérité, Klauber et anonymes. 7.

1169 **Rey**, dép. de Béziers. D.
Reynaud (comte de), dép. de Saint-Domingue.
D.
Riberolles, dép. de Riom. L. V.
Ricard (J.-P.), dép. de Castres. D.
Ricard (L.-Ét.), dép. de Nîmes. D.
Ricard (G.-J.-X.), dép. de Toulon. D.
— Autre, anonyme.
Riche, dép. d'Anjou. L. V.

1170 **Richond**, dép. du Puy. D. et L. V. 2.
Rigault (marquis de Vaudreuille), dép. de Castelnaudary. D.
Rigouard, dép. de Toulon. D. et L. V. Autre,
anonyme.
Riquier, dép. de Montreuil-sur-Mer. D. et L.
V. 2.

1171 **Risbey**, commissaire du 10 août 1792, concierge porte-clefs de la tour du Temple. Chez Mme Bergny. Rare.
Rivière, dép. du Gevaudan. D.
Roberjot, plénip. à Rastadt, où il a été assassiné. B. Guérin, Levachez. 4.
1172 **Robespierre** (Maximilien), dép. d'Artois. D. et L. V. 2.
— En haut d'une partie de calendrier (juin).
1173 — Par Schleich, d'après Guérin, Neidel, Fiessinger, Ligbert. 4.
— D'ap. Bonneville, 2 différents.
1174 — Par Vérité, Jones, ce dernier rare. 2.
1175 — Par Stoltrup. Rare.
1176 — Médaillon rond, Robespierre dans le haut.
1177 — Par Schwartz, 1794. Très rare.
1178 — Avec le nom écrit, Robertspierre. Rare.
1179 — Au pointillé de trois-quarts dirigé à droite. Rare.
1180 — Anonymes 5 dont un avec rebus.
— Par Levachez, avec scène de Duplessis-Bertaux. 2.
1181 — Triumvirat, patriote. Robespierre, Pétion, Rœderer. Très-rare.
1182 — Il presse un cœur dont il recueille le sang dans une coupe. Chez Tassart. Rare.
1183 — Même sujet, par Canu, 2 ép., l'une avant la lettre.
1184 — 2 Mars 1792, duel, Robespierre Jacobin, contre l'Empereur Feuillant. Caricature rare.
1185 — L'athéisme, les yeux couverts d'un bandeau. Rare.
1186 — C'est semer des perles devant les pourceaux. Rare.

1187 — Le peuple Français ou le règne de Robespierre, liberté, égalité, fraternité, la mort ; un homme du peuple les yeux bandés ne peut rien atteindre, sa main approche de celle de la mort qui arrive de la droite. Rare.

1188 — L'égalité triomphante, ou le Triumvirat puni l'égalité, pose un pied sur l'angle du niveau sous lequel sont écrasés Robespierre, Couthon, St-Just, etc., chez Villeneuve. Pièce d'une grande rareté.

1189 — Le bourreau Samson, après avoir tout fait périr se guillottine lui-même.

1190 — Le nouveau calvaire. Louis XVI en croix, les c^{tes} de Provence et d'Artois liés de chaque côté, Robespierre sur la constitution suivi de la gente *Jacoquine* présente l'éponge. La reine à droite et la duchesse de Polignac au pied de la croix. chez Wébert. Très rare.

1191 — Robespierre guillotinant le bourreau, après avoir fait guillotiner tous les Français, à droite un tombeau sur lequel on lit : cy gît toute la France. Pièce bien exécutée et très-rare.

1192 — Le triomphe des parisiens 9 et 10 thermidor. On voit la main du bourreau tenant les têtes des deux frères.

1193 **Robespierre**, le jeune, dép. à la conv. par Bonneville. Très-rare.
— Autre anonyme.

1194 **Robespierre** (Mlle), leur sœur au physion. Chrétien: Rare.

1195 **Rochambeau** (général), chez Mondhare.
Rochechouart, marquis de Mortemart, dép. de Rouen. D.
Rochez, porte-clefs de la Tour du Temple.

Rocque, dép. de Beziers. D.

1196 **Rœderer**, dép. de Metz. D. B. Minatelli, Fiésinger. 4.

Roger, dép. de Cominges. D. et L. V. 2.

Roger Ducos, au Physion. Quenedey.

1197 **Rohan Guemenée** (prince de), par Devère.

1198 — Par Romanet, d'après de Lorraine, avant la lettre. Joli port. Rare.

1199 — Par Campion du Tersan, d'ap. Cochin.
— D'après Duval et Bonneville. 2.

1200 **Roland**, ministre, par Ligbert, Bonneville, Pasquier et Levachez. 5.

1201 — Par Colibert, imp. en couleur, beau et rare.

1202 **Roland** (Mᵐᵉ), par Lips, d'après Brea. Rare.

1203 — Avec quatre vers commençant ainsi : j'étais républicaine et j'ai vécu sans crime, etc. Rare.

1204 — Par Bonneville, Gaucher, Levachez et anonyme. 5.
— De profil à gauche, anonyme.

1205 **Rolin**, dép. de Montreuil-sur-Mer. D.

Romagne, poëte, détenu à la Bastille depuis 1749, sorti le 14 juillet 1789, par Vérité.

Rondeville, dép. de Metz. L. V.

1206 **Roucher**, poëte, auteur des mois, par Bouillard, d'ap. Leroy.

1207 **Roulhac** (de), dép. du Haut-Limousin. D.

Rouph-de-Varicourt, dép. de Gex. D.

1208 **Rousseau** (J.-J.), par St-Aubin, d'après Latour.
— Par Nochez, Michel, Langlois. 3.

1209 — Par Angelique Briceau, en couleur.

1210 — Par Gaucher, Carrée, Villerey, Ingoufjeune. 4.

1211 — Par Massol et Queverdo, en couleur.

1212 — En pied dans un paysage, joli dessin à la plume, lavé de bistre, manière de Moreau jeune.

1213 — Par Bernard, célèbre caligraphe. Dessin.

1214 — Mme de Warens faisant de la musique, le buste de (J.-J.), dans le haut à gauche.

— Buste sur fond bleu, joli petit portrait.

1215 — Dans un petit médaillon rond formant le centre d'un calendrier, en regard de Voltaire. Charmants portraits en couleur. Au-dessus de leurs têtes on lit : Le flambeau de la France. Très-rare.

1216 — Par L. F., en pied par Duprel, d'après Mayer, en couleur par H, d'ap Mayer. 3.

— Dernières paroles de J.-J., par Guttemberg, d'ap. Moreau jeune.

1217 — Aux mânes de J.-J. Rousseau, par Vidal, d'ap. Monnet. Jolie pièce.

1218 — L'hermitage de Montmorency, par Debucourt d'ap. H, Vernet, en couleur.

1219 — Portraits et pièces par divers, sur le même personnage. 44 à diviser.

1220 **Roussel**, dép. de Bailleul. D.

Rousselet, dép. de Provins. D.

Roussillou, dép. de Toulouse. D.

Roux de Roze, dép. d'Amont. L. V.

Roy, dép. d'Angoulème. D.

Royer (Hon.-Joseph.), dép. d'Arles. D.

Royer (Jean-Bapt), dép. d'Aval. D.

Roze, dép. de Caux. D.

Ruffo, dép. de Saint-Flour. D.

Ruillé (comte de), dép. d'Anjou D.

1221 **Saige**, dep. de Bazas. D.

St-Aldegonde de Genech (de), dép. d'Avesnes. D.

St-Esteven (de), dép. du Labour. D.

St-Huruge par Porreau (nous n'avons pas de portrait du temps de ce personnnage).

1222 **St-Just**, par Bonneville, 2 ép. avec différence dans le texte.

1223 **Salicetti**, commissaire de la rép. près l'armée d'Italie, par Lasinio, d'ap. Vicart.

Sallé de Choux, dép. du Berry. D.

Santerre, B. et anonyme.

Saurine, dép. du Béarn. D.

Savari marquis de Lancosme, dép. de Touraine. D.

Scellier, de la Somme, médaillon sur fond noir.

Scheppers, dép. de Lille. D. et L. V. 2.

Schmits, dép. de Surguemines. D.

Schwendt, dép. de Strasbourg. D.

1224 **Seignelay**, dép. de Rhodez. D.

Selves, ex-législateur fructidorisé, au Physion. Chrétien et anonyme. 2.

Sentetz, dép. d'Auch. D.

Servan, ministre de la Guerre, le 10 août 1792, par Pasquier et B.

1225 **Sieyes**, dép. de Paris. D. et L. V. 2.

— De la coll. de la Cocarde nationale.

— Par Bonneville, comme membre du directoire, Klauber, Fiésinger, Vérité. 4.

— Par Lips, 2 différents

1226 — Par Rugendas. Rare.

1227 — En haut d'une partie de calendrier, août. Huot, chez Mr Bergny ; Levachez et anonyme, l'un de ces derniers en pied. 10.

1228 **Sigismond** comte de Serent, dép. du Nivernois. D.

9

Simon, dép. de Caux. D.

Simon, dép. de Bar-le-Duc. D.

Simon, gardien au Temple, d'ap. Gabriel (nous n'avons pas de portrait du temps de ce triste personnage).

1228 bis. **Smith** (sir Sidney), commodore anglais, fait prisonnier, enfermé au Temple d'où il s'est évadé.

— Par Tassaert, avant et avec la lettre, d'ap. Hennequin, dessiné au Temple.

— Assis, tenant un livre, d'ap. le même, Etched Maria, Cosway, London 1797. Rare.

— Par Bonneville et annonyme. 2.

1229 **Soubdès**, dép. du Gers. Rare.

Soustelle. dép. de Nismes. D.

Stadion (comte de), dép. de l'Emp., à Rastadt,

Stockmeyer, offi. municipal de Colmar, par C.

Symon, dép. de Brotagne. D.

1230 **Taillevis**, marquis de Perrigny, dép. de Saint-Domingue. D.

Talarn (de), dép. de Coutances. D.

1231 **Talleyrand** de Périgord, dép. d'Autun. D. B. Vérité, Conte, Chapuis, d'après Prud'hon. Blood, Cock, Lignon, Levachez, etc. 12.

1232 — Autre, joli petit portrait au pointillé, avant la lettre. Rare.

1233 — Le moissonneur moderne, armé d'une faulx, il abat religion, bonne foi, fidélité, honneur, etc. Caricature.

1234 — M.' tout à tous le diable lui souffle à l'oreille, l'homme aux 6 têtes, branle d'autun, on le représente pendu. 3 pièces.

1235 **Tallien**, dép. de Seine-et-Oise, à la conv. B. Dutertre et anonyme 3.

1236 **Target** dép. de Paris. D. et L. V. 2.
1237 — Par Henriquez, d'ap. Boze, beau port. avant
toute lettre. Rare.
1238 — Le même avec la lettre.
1239 — Chez le Cœur, joli petit portrait. Rare.
1240 — Par Vinsac, d'ap. Pujos.
— Par Bonneville, Vérité et anonymes. 4.
1241 — Les douleurs de Target, les couches de M. Target, où l'on voit figurer Théroigne de Méri-
court. 2.
1242 — L'expirante Targinette (la Constitution), jolie
p. en bistre. 2 épr. dont une avant le titre.
Rare.
1243 — Chûte prochaine de la fille à Target. Elle est
couchée dans un chariot attelé de trois chevaux
dont les têtes figurent la guerre, la banque-
route, et un maire jacobin, etc., chez Webert,
jolie pièce en bistre. Très-rare.
Dans la main de Target que la balance est juste.
1244 **Teissier**-Marguerites, dép. de Nismes. D.
Terme, dép. d'Anjou. D.
Terrats, dép. de Perpignan. D.
Tessé (de), dép. du Maine au physion, Que-
nedey. Rare.
Texier, chanoine de Chartres, chapelain de la
Reine, dép. de Châteauneuf-en-Thimerais. D.
Theroigne de Mericourt, par Dewritz,
1845, d'ap. l'original existant à la Bibliothèque
Impériale.
1245 **Thibaut**, dép. de Nemours. D. et L. V. 2.
Thibaut de Menouville, dép. de Mirecourt. D.
Thirial, dép. de Château-Thierry. D.
Thouret, dép. de Rouen. D. Vérité, Fiesinger,
B, Jones, et anonymes. 7.

1246 **Toulongeon** (vicomte de), dép. d'Aval. D.

Toulouse Lautrec (comte de), dép. de Castres. D.

Toustain (comte de), dép. de Mirecourt. D.

Touzet, dép. de Libourne. D.

Trehot de Clermont, dép. de Bretagne. D.

1247 **Treilhard**, dép. de Paris. D. et L. V. 2.
— par Vérité. Chez Basset et anonymes.
— comme membre du Directoire, par Bonneville. 6.

1248 **Tridon**, dép. du Bourbonnais. D.

Turski, dép. par les patriotes polonais à la Conv., d'ap. Bonneville.

Vadier, dép. du comté de Foix. L. V. B. et au physion. Quenedey. 3.

1249 **Vaillant**, dép. d'Artois. D. et L. V.

Valérien, dép. de Nismes. D.

Valette, dép. de Touraine. D. et L. V. 2.

Vallet (Cl.-Benj.), dép. de Gien. D. et L. V. 2.

1250 **Vandernoot**, restaurateur de la liberté brabançonne. 1789.

1251 — par Sergent. 2 médaillons différents sur fond bleu ; le plus petit avant la lettre, l'autre avant les 4 lignes du bas. — Autre épr. Avec ces 4 lignes. 3.
— par Vérité, Scot ; autre, anonyme, satirique.

1252 — par Bartolozzi, d'ap. de Glim. Beau portrait.

253 **Vaneau**, dép. de Rennes. D.

Varin, dép. de Bretagne. D.

Verdet, dép. de Sarguemines. D. et L. V. 2.

Verdollin, dép. de Draguignan. D.

1254 **Vergniau**, dép. de la Gironde à la Conv. B.
— Autre, par Lips, d'ap. Bonneville. Joli portrait. Rare.

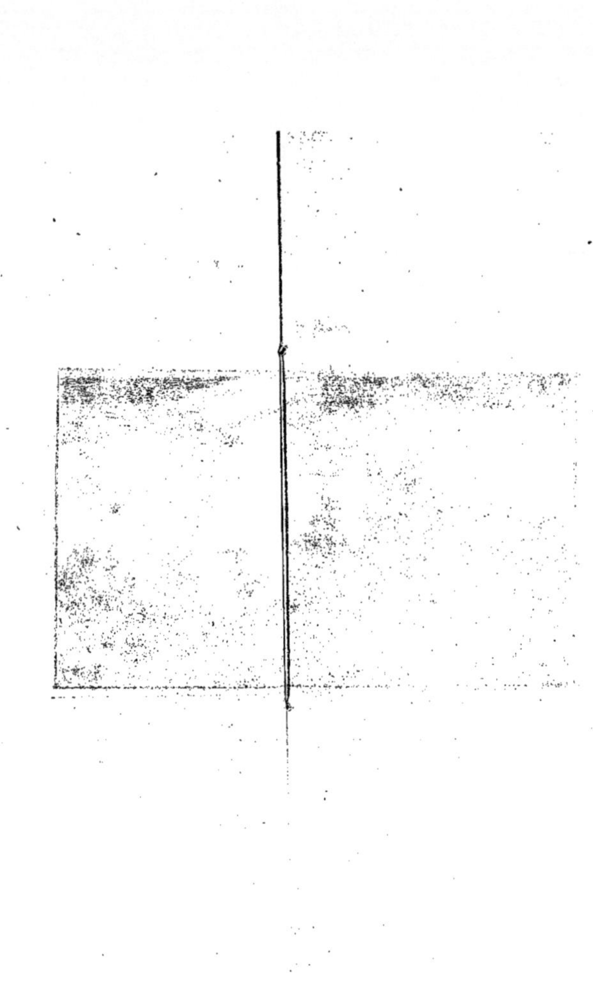

1255 **Verguet**, dép. de Bretagne. D. et L. V. 2.

Vernier, dép. d'Aval. D. et L. V. 2.

— Autre, par Bonneville.

Vialis (de), dép. de Toulon. D.

Viefville Desessarts, dép. du Vermandois. D.

Vieillard, dép. de Coutances. D. avant l'adresse.

Vignon, dép. de Paris. D.

Villebanois (curé), dép. du Berri. D. avant l'adresse.

1256 **Villette**, dép. à la Conv., par Gaucher. Rare.

1257 **Villoutreix** de Faye, dép. de Soule. D.

Virieux, dép. du Dauphiné. B.

Visme (de), dép. du Vermandois. D.

Vitet, de Lyon, par Tardieu.

Vogué (comte de), dép. de Villeneuve-de-Bergue. D.

Voidel, dép. de Sarguemines. D. et L. V. 2.

Voisins, dép. de Toulouse. D.

Volney, dép. Petit médaillon rond.

1258 **Voltaire** (Marie-François-Arouet de).

— à l'âge de 22 ans, par Benoist,

— au bas d'un titre, à Liège. 1759. Titre de la Henriade. Chez la v⁰ Duchesne, etc. 2.

— dans sa jeunesse. De trois quarts, tourné à droite, tenant un livre. Anonyme, par June. 2.

1259 — chez Odieuvre, avec entourage, de Babel.

1260 — par Balechou, d'ap. Latour et Liotard. 2.

1261 — à 26 ans, par Bertony, d'ap. Largillière.

— par Dupin, d'ap. Liotard.

— par Gaillard, Lebeau et Saint-Aubin, d'ap. Latour, Marillier et Lemoine. 3.

— à Paris. Chez Petit.

1262 — par Alix, d'ap. Garneray, charmant portrait, en couleur. Très-rare.

1263 — en bistre. La Bastille en regard.

1264 — par Delaunay, d'ap. Marillier. Charmant petit portrait.

— par Miger, d'ap. Vincent.

1265 — d'ap. Denon, par Saint-Aubin et anonyme. 2 jolis portraits.

— par Duflos, d'ap. de Gaigne. Vignette en haut de laquelle est le médaillon de Voltaire.

1266 — Le Credo de Voltaire. Joli petit portrait. Chez Morret. Rare.

1267 — même sujet. Rare.

1268 — avec Fréron et Labaumelle. Titre du commentaire sur la Henriade. 2 épr., la 1re avec le nom de Fréron, la 2e le nom remplacé par trois étoiles.

— par Delatour, d'ap. Bonneville.

1269 — Prière de Voltaire. Il est assis devant une table, placée à droite. Colorié. Chez Basset. Très-rare.

1270 — par Michel, d'ap. Danzel. 2 épr., avec différences dans le texte.

— dans un médaillon fond bleu. Joli petit portrait.

1271 — chez Villeneuve, en couleur. Rare.

1272 — en pied, avec entourage. Moreau f.

1273 — L'homme immortel. Chez Ledru.

— Paris. 1778. C.

L'homme unique à tout âge. Seri in. Paris. 1778.

1274 — Esquisse, d'ap. nature, à Ferney. 1769.

— Vachez, del. et sculp.

— assis dans un fauteuil. L. Sene, fecit.

— Ouden, Mme Lamothe, anonyme. 3.

— chez Basset. Colorié.

1275 — par Joseph Lante. Un jésuite debout, à droite. Rare.

1276 — par Dupin, d'ap. Desrais. Mlle Clairon couronnant Voltaire.

1277 — Arlequin couronnant le buste.

1278 — La France couronnant le buste de Voltaire. (Chez Alibert.) Très-rare.
— par Flipart, d'ap. Gravelot. Buste couronné par un génie.

1279 — à gauche de deux têtes grimaçantes, signé d'un monogramme.

1280 — Suite de 52 pièces, représentant la tête de Voltaire, avec différentes coiffures ou tête nue.

1281 — 67 pièces, portraits, par divers, et pièces historiques relatives au même personnage. A diviser.

1282 — Le triomphe de Voltaire, par Duplessis.

1283 — Le Génie de Voltaire et de Rousseau les conduisant au temple de la Gloire. Pièce coloriée.

1284 — Char pour la translation de Voltaire au Panthéon le 11 juillet 1791.

1285 — Ordre du cortége pour la translation des mânes de Voltaire. Chez Basset. Pièce coloriée. Rare.

1286 — même sujet, par Miger, d'ap. Lagrenée fils.
— Pièce allégorique sur le même sujet. De jeunes filles portent le buste de Voltaire et Rousseau à l'extrémité de piques. Rare.

1287 — Sarcophage qui a transporté les mânes de Voltaire au Panthéon. Pièce en couleur.
— Apothéose, par Legrand, d'ap. Dardel.
— Aux mânes de Voltaire. Un hibou, coiffé d'une calotte, portant des lunettes, est perché sur un vol. de Voltaire. Un flambeau brûle au-dessus de la tragédie de Mérope. Coloriée. Rare.

1288 — Voltaire aux enfers. Au bas, ces deux lignes :

O mes amis vivez en bons chrétiens,
C'est le parti, croyez-moi, qu'il faut prendre.

1289 — 6 vues de Ferney, dont 2 sur une feuille.
— Mort de Pouple, chirurgien de Voltaire.

1290 **Voulaud**, dép. de Nismes. D.

Willot (général), dép. à la Conv. B.

Wimpfen, dép. de Caen. D. L. V. et B. 3.

Wolter, de Neurbourg, dép. de Thionville. D.

Yvernault, dép. du Berri. D.

Zagoille, de Lochefontaine, chan. de Rheims
et dép. de ce bailliage. D.

Renou et Maulde, imprimeurs de la Compagnie des Commissaires-Priseurs,
rue de Rivoli, 144.   12929

CATALOGUE N° 2

DE DIVERSES COLLECTIONS

DE

PORTRAITS

POUR

ILLUSTRATIONS ET JOINDRE AUX AUTOGRAPHES

QUI SE TROUVENT CHEZ

VIGNÈRES

MARCHAND D'ESTAMPES ANCIENNES

A PARIS

EXPRESSIONS EMPLOYÉES POUR DÉSIGNER LA FORME DES PORTRAITS

Clairevoie, sans aucune forme autour du portrait.
Ovale ou *rond*, lorsqu'un filet ou le fond a cette forme.
Ovale ou *rond équarri*, lorsqu'un médaillon se trouve terminé par des angles ou posé sur un fond carré.
Carré ou *octogone*, lorsqu'un filet ou le fond a cette forme.

GALERIE DES CONTEMPORAINS ILLUSTRES

110 Portraits gravés à l'eau-forte *clairevoie* par Torlet et autres, pouvant entrer in-12, papier format in-4°. La collection complète, 50 fr.; chaque portrait, 50 c.

Abdel-Kader.	Espartero.	O'Connel.
Ampère.	Fourrier (Charles).	Odilon Barrot.
Arago.	Garnier-Pagès.	Oudinot.
Aubert.	Gay-Lussac.	Palmerston.
Ballanche.	Gérard, maréchal.	Pasquier.
Balzac.	Goethe.	Peel Robert.
Barante (de).	Guizot.	Périer (Casimir).
Béranger.	Hugo (Victor).	Reschid Pacha.
Bernadotte.	Humboldt.	Rossini.
Berryer.	Ibrahim Pacha.	Royer-Collard.
Bertrand.	Ingres	Russell John.
Berzelius.	Jackson.	Saint-Simon, Cl. H. C°.
Bosio.	Lacordaire.	Sainte-Beuve.
Broglie (de).	Lafayette 1789.	Salvandy.
Brougham.	Lafayette 1830.	Sand (Georges).
Bugeaud.	Lafitte.	Schelling.
Carrel (Armand).	Lamartine.	Schlegel.
Charles (Archiduc).	Lamennais.	Scott (Walter.)
Chateaubriand.	Larrey, chirurgien.	Scribe.
Cherubini.	Lebeau.	Sebastiani.
Cobden	Manzoni.	Silvio Pellico.
Colletis Gén. Grec.	Marmont.	Sismondi (Simonde).
Constant (Benj.)	Martignac.	Soult.
Cooper (Fenimore).	Martinez de la Rosa.	Spontini.
Cormenin.	Mauguin.	Talleyrand.
Cousin (Victor).	Maurocordato.	Thierry (Augustin).
Cuvier.	Metternich.	Thiers.
Czartoryski.	Meyerbeer.	Thorwaldsen.
David d'Angers, sculpt.	Mickiewiez.	Tieck.
Decazes.	Mohamed-Ali.	Toreno.
Delacroix (Eugène).	Molé.	Uhland.
Delaroche.	Montalembert.	Wellington.
Delavigne (Casimir).	Moncey.	Vernet (Horace).
Dumas (Alexandre).	Moore (Thomas).	Vigny (Alfred de).
Duperré.	Nesselrode.	Villèle.
Dupin aîné.	Nodier (Charles).	Villemain.
Dupuytren.	Nothomb.	

Vente Laterade 22 9bre 1858

N°	Désignation	Adjudicataire	fr.	c.
7	Louis XVI Boizot		1	25
3	2 port eg.		1	
4	par Boizot couleur	Lajarade	3	
2		Gelibert	1	
9	lot 9 portraits	Gelibert	5	
1	Marie Antoinette	Comberouse	25	
4	Lebeau	Choiseul	3	
3	W. Smith	Gelibert	5	
9	antoulim Oval	Perrin	15	
7	Benom coul.	Comberou	4	
0	Cathelin	Gelibert	18	
4	Monthare	Gelibert	1	
4	Scene d'adieu	Choiseul	3	50
5	Murphy	Bibliothèque	19	
8	lot 1er port	Gelibert	20	
	2e port		5	
8 bis	1er fils phision	Choiseul	20	
5	Dauphin	Natel	5	
9	Madame	Comberouse	5	
2	en deuil	Choiseul	6	
3	lot 9 port	Gelibert	4	
5	Elisabeth	Comberouse	25	
7	Boizot	Comberouse	25	
0	en tombeau	Lajariette	5	
2	1 port	Choiseul	1	
4	mariage Cte de Vernon	Lajarade	7	
1	Mad. Ctesse de Provence	Gelibert	12	
4	Massard	Comberou	14	
7	Robin de	Gelibert	2	
8	Boizot	Gelibert	6	
	6 paler	Gelibert	3	
5	Comte d'Artois 2 port	Choiseul	5	
7	Colin de montigny	Chardonne	1	50
9	Sujet rebelle	Lajariette	8	
0	Schismatte 2p	Choiseul	5	
			289	25

N°	Désignation	Adjudicataire	fr.	c.
			289	25
161	Comtesse d'Artois	Lajariette	7	
163	Trocksschau	Gelibert	4	
167		Chardonne	2	50
180	Orleans Egalité 9 p		3	
181	— 2p		1	
191	conjuration	Lajariette	8	
198	Duchesse de Chartres	Lajariette	5	
199	Blanchard	0 Eschassira	7	0
200	Made Blanchard	Comberouse	35	
206	Montgolfier 2 port	Hervey	1	50
207	Pilastre des Roziers	Chartres	1	50
208			1	
209			1	
210			1	50
211			1	
212			2	50
213		Lajariette	5	
214	Mr Sage	Chartres	1	
218	a l'honneur de Charles	Lajarie	5	
222	Vaisseau volant 11 p.	Mestre	14	
223	Miolan, Jacmus 12 p.	Hervey	14	
224	3 p. grand ballon		2	
225	Incendie	B Lajarie	3	
	Blanchard	M Lajarie	8	
228	Parachute Garnerin	Lajariette	8	
232 bis	11 Ballon	Mestre	9	
	8 Ballons	Berger	9	
236	Comtesse Cagliostro coul.	Comberou	13	
	chapeau 2p.	Gelibert	5	50
239	Lamotte 3 p.	Lajariette	7	25
240	Madame Lamotte coul.	Comberouse	16	
244	Oliva coul.	Comberouse	25	
	3 port	Comberouse	12	
257	Sacre de Louis XVI	Saubinet	8	
			537	25

(1)

No.	Désignation	Nom	fr.	c.
			537	25
252	2 p. Vœux du peuple	Saubrier	2	
259	3 p. allégoriques	Comberoux	3	
260	Passage du Roi au theatre	Toussaint	10	50
261	Assemblée du Notable	Lajarriette	10	
263	2 palais de Justice	Berger	2	
264	2 p. Incendie, Saleurs Statue	Lajarr	4	
265	7 p.	Berger	9	
266	7 caricatures clergé	Comberoux	4	50
273	2 p. f. portant	Comberoux	3	
281	procession des Etats	Lajarriette	10	
282	D. p. Tardieu	Natel	8	
286	ouverture des Etats	Natel	13	
290	Mort du 1er fils du Roi	Lajarriette	6	
297	Serment du jeu de Paume	Natel	4	
337	Lambesc aux Thuileries	Berger	4	
388	attaque Sergent 2 p.	Lajarr	18	
341	10 p. Opera fermé	Berger	4	50
342	2 p. Sergent	Berger	9	
343	Kaliamaah	Bibliotheque	6	
344	4 Monstres	Bibliothèque	14	
345	Uniformes	Dubois de l'Etang	16	50
346	Etendard	Dubois de l'Etang	2	25
351	Pillage des armes	Desteuilleurs	11	
354	Plans de la Bastille		10	
356	2 Guyot attaque	Berger	3	50
372	Harné	Lajarriette	4	50
376	la lanterne	Bibliothy	13	50
383	Entrée du Roy	Lajarriette	9	
385	Bailly presente au Roi	Lajarriette	4	
394	Calculateur patriote	Bibliothy	15	50
402	la democratie en pied	falcou	1	75
404	les deux ensemble	falcou	4	50
410	Dom patriotiques	Renouvier	2	
			779	75

No.	Désignation	Nom	fr.	c.
			779	7
414	3 medaillon coulés	falcou	2	
416	les Boutons	falcou	21	
419	4 petites pieces	Garnier	4	5
422	repos du Gardin du Corp	falcou	9	
424	Depart du milicien	falcou	5	
426	l'arrivée Guyot jolie p.	Natel	13	
427	Bravoure	Comberoux	5	
429	Triomphe	Natel	8	
431	avec 4 tetes	Natel	3	
432	retour des Heroines	Natel	17	
434	2 p. Guyot tête d'argent	Parrien	11	
454	2 p	Comberoux	6	
497	Confederation	Lajarriette	3	
513	Decoration	Desteuilleurs	5	
516	feu d'artifice	Desteuilleurs	7	
534	Bouquet entre lebrun	Berger	6	
552	la fuite adieu sin	Vatel	9	
557	retour par German	Berger	9	
571	le francais regeneré	Renouvier	1	
574	2 p. Dames de la Halle	Comberoux	2	
579	Jeu de la Revolution	falcou	5	
580	d°	falcou	7	
610			937	

N°	Nom	Provenance	Prix
	Augereau. 5		1 50
	Bailly		3 50
20	Bailly		2 50
	Barnave	\ Lafayette	2
	Barras petit	\ Renouvier	1 75
	1ʳ du nom	\ Renouvier	5
	en pied Tardieu	\ Renouvier	2
	en pied 2	\ Renouvier	1
10	Barthelemy		3 25
	Beaudrap	Or	2 50
	Com. 1. 4. 0. 2. F		3 50
	\ Chardon		1 50
			2 25
	Bonnay	\ Mathon	1
	Bonneville	\ O'Reilly	1
	Bardelot	\ O'Reilly	1
	Bigot	\ O'Reilly	4
	Cambacérès	\ Renouvier	7
	q.	\ Renouvier	3 75
	q.	\ Renouvier	1 50
	Cambon	\ Renouvier	1 50
	Camus q		2
	Carnot	\ Renouvier	1
	Chalier	\ Renouvier	1
	Chalier	\ Renouvier	2
	Dernieres paroles	\ Renouvier	7
	Chenier H. Dupont		8
	Cherfils	\ O'Reilly	1
732	Clermont T.	(Saubinet)	3
	Colombel	\ O'Reilly	1
	Ch. Corday Poignardant	\ Combereau	12
	Lassaert	\ Vatel	15

1047 00

N°	Nom	Provenance	Prix
743	Ch. Corday lelu	\ Combereau	10
744	dᵒ 2	\ Vatel	7
745	... ecrivant Distn	\ Vatel	9
750	en Judith	\ O'Reilly	6
	3 Gauthier	[O'Reilly	3
752			4 25
753	Crillon	M.L.M.ᵈ Crillon 10 O L.L.XV	1 50
754	Custine	\ Hervey	3
755	Cussy	\ O'Reilly	1
756	Custine	\ Lafayette	2
757	2 Ex.	\ Chardon	2 50
758	Guerin	\ Chardon	2
760	Dessin	\ Chardon	4
761	Latta	\ Chardon	1
762	6 p.	\ Chardon	4 50
(766) 767		\ Abrans	3 25
769		\ Matte \ O'Reilly	2 25
770	Decretot	2 \ O'Reilly	4 25
778	Deseze	\ Chardonnet 1.	3 ?
781	Cam. Desmoulins	\ Ed. Fleury	3
782	1 p. \ Ed. Fleury		2 50
784	d'Haramibure	\ Taschereau	2
789	Duban Craine	\ Saubinet	1 50
790	Miger avant l.l.		3 75
	Miger avec l.l.		3
792	\ O'Reilly \ Saubinet		4 25
795			4 25
796	Souverains de la Belgique	\ Lafayette	10
797	Dupont de Nemours		2 25
800	Duval d'Epremenil	Lemire \ O'Reilly	4 25
801	2.	\ Toussaint	6
802	Duveyrier	\ Renouvier	2 50
805	Failly	\ Saubinet	4

1173 75

③

N°	Désignation		Valeur
			1173.75
806	fontin	Farocbu ?/ Mathon	3 50
807	fanchet	\ Vatel	2 25
809	do	\ Vatel	2 25
814	Favras dîner		1 50
822	Franç. deNeufchateau		2
828	Franklin		1 50
834	Garran	Gaultier 2 \ Leschevin	9
835	Gauthier	\ O'Reilly	3
842	Girod de Pouzols	\ Berger	1 50
	Godard deBelbeuf	\ O'Reilly	1
844	Gonyot prefetin	\ O'Reilly	1
849	de Grien	\ O'Reilly	1
	Grossin deBonville	\ Tournant	2 50
857	Guillaume	\ Vatel	1
863	Hoche	\ Vatel	2
864	Josi	\ Vatel	13
	7 porteur	\ Vatel	4
865	repris à M. Lepeletier	\ Lajariell	6
~~865~~			6
866		\ Vatel	6
867	Houchard	\ Chartenir	3
872			2 50
873		\ O'Reilly	1 50
874			1 25
875	Jourgniac S' Meard	\ Lajariell	4
878	Kervelegan	\ Lajariell	3
880	Kleber		1 50
883	Kregan	\ Lajariell	2
889	Lafayette	\ falcou	6
896	12 d°		2
901	2 Caricatun	\ falcou	1 75
	le chandelle	\ falcou	5
902	lalande	\ O'Reilly	1 50
907	lamoignon Gaucher	\ falcou	13
			1285 75

N°	Désignation		Valeur
			1285
907	Lamoignon		5
911	Lartigue	\ falcou	1
916	2 diff. Telamay les dern	\ O'Reilly	1
918	Lebigot 2p.	\ O'Reilly	1
923	Lebrun	\ O'Reilly	4
925	Lachapelier sergean		1
932	Leclerc de Juvigni 2p.	\ Berger	4
933	Leclerc abbé	\ O'Reilly	1
934	Lecointre	\ Vatel	18
935	lefevre de chailly	\ O'Reilly	1
936	lepau de Pompignan 2/ forestier	\ O'Reilly	2
937	lelubois lemiands	\ O'Reilly	1
938	Lepeletier	\ Bastard	1
939	1er Martyr	\ Bastard	3
940	Aug Briceau	\ Bastard	5
		\ Bastard	2
941	medaillon fond?	\ Bastard	2
942	Jemens Coutet	\ Lajariell	3
943	etoile	\ Bastard	2
	2 rond. gilet rouge	\ Bastard	3
	3	\ Bastard	1
944	2 jemens coutent	\ Bastard	1
945	3	\ Bastard	2
946	2	\ Bastard	4
947	Victime	\ Bastard	1
948	2 avec Paris (et 30)	\ Bastard	4
949	Verité couler	\ Bastard	2
950	Couché laurier	\ Renouvier	4
952	8.	\ Bastard	2
953	Tombeau	\ Bastard	5
954	Assassinat Coul	\ Lajariell	13
955	hom noir	\ Bastard	7
956	3 petit piece	\ Bastard	1
		Bastard 53 63	98

No.	Désignation	Artiste	Fr.	c.
			1398	25
58	Lepion (Taschereau) Cerouvillon	O'Reilly	2	50
62	Letellier (falcon) Bon ail	O'Reilly	1	50
64	Letourneur	O'Reilly	2	
		O'Reilly	1	75
65	Levy	Mathon	1	
38	Lombard	Taschereau	1	
	Longueur	Chardonne	1	
69	Louvet		1	75
70	(Lubersac Garnier)		2	
73	Malouet		3	50
81	Ch. cordat poignardant	O'Reilly	3	50
83	Dessin Marat dans l'eau	falcon	9	
90	chapeau Tatta	Bibliothèque	9	50
95	Pivinonation	falcon	7	
96	2e Martyr	falcon	5	
00	Dessin de Basset	falcon	4	25
17	Grandepierre	Bibliothèque	23	..
18	d°.	Bibliothèque	25	..
19	Inauguration Marat	Berger	3	50
22	6 Marat	O'Reilly	1	50
24	Marceau p. Sergent	falcon	12	
26	honneurs	falcon	5	
27	honneurs	falcon	13	
28	Tombeau	falcon	14	
43	Menou	Taschereau	2	
27	Mercier	Berger	3	50
48	Caricature	Berger	7	
52	Mirabeau	Chardonne	2	
53	d°.	d°.	1	
56	d°. Renouvier	Berger	1	75
65	Mirenone	Saubinet	2	..
66	Momoro	Renouvier	4	
67	Moussinat	falcon	1	
			1573	75

No.	Désignation	Artiste	Fr.	c.
			1573	75
1070	La france supprime	falcon	7	50
1100	Noreilles	falcon	1	
1104	Palasne de champeaux	Ollivier	2	
1111	Peloux	falcon	1	
1113	Petion 2p.	Garnier	3	
1115	Couleur Levacher	Natel	13	
1129	l'écharpe à Petion	Berger	1	
1134	Dessin et Brisot	falcon	12	
1141	Pichegru 11 p.		2	50
1143	Son arrestation	Lajariette	5	
1145	Pinteville	Saubinet	2	50
1150	Poncet delpuch forgotten		1	
1151	Pous	falcon	1	
1152	Pradt 2p.	Toussaint	2	50
1153	Prieur	2 Saubinet	2	50
1154	Puysaie	O'Reilly	1	
1155	Quinette	Lajariette	6	
1156		Ed Fleury	2	
1162	coups de Rabot	Lajariette	5	
1165	Raby	falcon	1	
1166	Renaud Cécile	Natel	4	50
1173	Robespierre	1 Berger	3	25
1177		falcon	4	..
1179		Natel	1	
1180		Natel	3	50
1181		Natel	2	50
1182	il presse un cœur	Natel	11	
1187	Lerigneede	Lajariette	11	
1189	le Bourreau déguillotiné	Lajariette	7	50
1191	Guillotine Libourne	Lajariette	19	75
1192	Groupe	Lajariette	1	
1194	Mme Robespierre	Combeau	21	..
1195	Rochambeau	Natel	2	25
	Rochechouart	O'Reilly	1	
			1738	75

No.	Nom		Acquéreur	Prix		No.	Nom	Acquéreur	Prix
				1738	75				1834
1196	Roederer	Gaultier manus	2 chartius	2		1249	Valette	\ Taschereau	1
	Roger Ducas			2		1255	Vieillard	\ O'Reilly	1
1197	Rohan			1		1256	Villette		2
1198			\ Vatel	1	75	1257	Voisins	\ falion	1
1199			\ Vatel	1	75		~~Voidel~~	~~Chartius~~	~~2~~
1201	Roland		\ Vatel	5	50	1266	Credo de Voltaire	\ Hervey	5
1202	Mad. Roland		\ Combernon	6		1269	Prière de Voltaire	\ Hervey	8
1203			\ Combernon	12		1288	Voltaire aux enfers	\ Hervey	2
1204			\ Combernon	8		1289	Ferney		3
1205	Rondeville		\ Chartius	1		1290	Walter	\ Chartius	1
	Romagne etc		\ Vatel	1	75		Zogville	\ Saubine	1
1206	Roucher		\ Apstel	4	50				1856
1207	Routhier Rouph.		Steenhout o	1	0				92
1208	Rousseau		\ Vatel	5					1948
1210		Gauter		1	50				
1218	l'Hermitage		\ Lajarvin	3					
1219	2e part			8					
1220	Roussillon		\ falion	1					
	Roze	Toussaint,	\ O'Reilly	2					
1223	Salicetti			1					
1225	Sieyes			3	50				
1228	Sigismond Matthau Simon		\ O'Reilly	1	50				
1228 bis	Sidney Smith	Cawaert		1					
		ossis		2					
1229	Soubdes		\ falion	1					
1230	Salarn		\ O'Reilly	1					
1235	Tallien		\ Vatel	1	50				
1236	Targes			1					
1242	expirante Targinette		\ Lajarvill	5	50				
1244	Texier		\ falion	1	75				
1245	Thibaut		\ falion	1	50				
	Thouret		\ O'Reilly	4					
1246	Toulouse Lautrec		\ falion	1					
				1834	75				